재미있는 심리학 입문

과학으로 본 심리학의 세계

나카무라 마레아키 지음
편집부 옮김

전파과학사

처음에

심리학은 참으로 광범위한 영역의 학문이다.

사람의 인식 과정을 탐구하는 철학에 가까운 사고심리학의 영역에서 동물 실험으로 신경생리학의 첨단을 가는 자연과학의 영역, 또는 정치 태도나 매스컴 효과를 규명하는 인간 냄새 풍기는 사회심리학의 영역에 이르기까지, 이것이 같은 영역을 다루는 학문인가 할 정도로 폭이 넓다.

서점의 책꽂이에는 심리학입문이나 심리학개론 등 입문서가 넘치고 있으나, 한 사람의 저자로서 심리학의 넓은 영역을 커버하는 것이 어렵기 때문에 여러 파트를 나누어 분담 집필한 책이 많다. 그렇기 때문에 걸핏하면 통일성이 없고 또한 상호 분야 사이의 관련성을 고려하고 있지 않을 때가 있다.

필자는 자연과학의 입장에서 심리학을 메이지(明治)대학의 학생에게 강의해 왔으나 적당한 교과서가 없어 고생하였다.

그러나 필자가 배운 정신의학도 심리학과 마찬가지로 광범위한 영역이며 분담 집필이 많은 것도 동일하다.

여기에서 필자가 이 책을 쓰게 된 연구 과정을 밝혀두기로 한다. 필자는 게이오(慶應)대학의 정신의학 교실에 들어가, 우선 신경생리학 연구실에서 공부하였다. 그동안에 고양이를 사용하여 대뇌의 유발전위 실험을 하고 임상에서는 뇌파학과 간질 외래를 담당하였으므로 우선은 신체학의 영역에서 정신의학을 배운 셈이다. 당시의 대학에서는 임상의 실천보다 그러한 생물학적 실험이 중시되었던 시대였다.

다음은 '응석' 연구로 유명한 도이(土居健郎) 교수에게 정신분석학을 배울 기회가 있었다. 독일 의학이 전성했던 당시에는 형이상학의 대표인 정신분석학은 금기시되고, 유서 깊은 신체학을 공부하면서 분석학으로 전향하는 것은 마치 변절자라도 된 듯 취급하였다.

그동안에 미국의 역동정신의학이 도입되어 필자는 아동정신의학의 창시자인 마키다(牧田淸志) 교수 밑에서 등교 거부 등을 연구하게 되었는데 정신분석학이나 발달심리학, 동물심리학과 밀접하게 관련된 영역이었다. 또한 유아기 체험의 왜곡에 의해 신경증이 발생한다는 프로이트 학설은 학습심리학을 매개하여 조건반사의 대뇌생리학으로 이어지는 것이다. 이처럼 관련 영역의 중복적인 연구가 중시되어 포괄적, 통합적 시대에 이른 것이 심리학이나 정신의학의 최근 경향이다.

이렇게 10년간의 대학 연구실 과정을 보내고 국립 구리하마(久里浜) 병원에 부임하여 병원정신의학이란, 나다 이나다 씨가 창설한 새로운 알코올 치료학의 실천에 종사하게 되었다. 부임 전에 국립정신위생 연구소의 이케다(池田由子) 부장에게 집단 정신요법의 훈련을 받았으므로, 그 당시 여명기였던 '단주회(斷酒會)' 집회의 집단요법 효과에 흥미를 갖게 되었다.

이 경험은 5년 후에 가와자키(川崎) 시립 정신위생센터에 부임하여 알코올 외래나 단주회의 사회심리학적 조사를 하는 데 있어 유용하게 된 셈이다.

정신위생센터란 라이샤와 대사 자상(刺傷) 사건에 의한 정신위생법 개정으로 분열증 환자의 사후관리의 제1선 기관이 된 보건소의 사례 연구자나 보건부 직원들에 대한 기술 지도 기관이다. 너무 오랫동안 병원에 입원시켜 두면 호스피털리즘을 일으키므로 재택 중심의 정신의료로 전환하려는 것이 지역정신의학의 이념이다. 필자는 국립정신병원에서 지역의료의 최전선으로 뛰어든 셈인데, 대학이나 국립병원에서는 상상도 할 수 없는 사회 저변의 환자들을 보는 것은 매우 놀라웠다.

그러나 중증의 경우만이 아니라 지역에서는 신상 상담 같은 카운슬링이 필요하게 된다. 다행히 필자는 일찍부터 대학생 상담실의 카운슬링을 담당하고 있었으므로 그 청년심리학의 경험이 크게 도움이 되었다.

돌이켜보니 정신과 의사가 되고부터 30년 동안 심리학의 대부분 분야의 실천에 실제로 관련한 셈이 된다. 대학에서 심리학 강의를 담당하여 학생 여러분이 사회에 진출했을 때 조금이라도 쓸모가 있는 지식이 되도록 강의 노트를 만들어 매년 보충해서 어느 정도 정리는 된 것 같다. 학생들의 반응을 보면, 심리학을 가르치는 사람으로서는 팔방미인의 실천 경험이 있는 사회인 강사도 별로 나쁘지 않은 것 같았다.

필자는 일부분을 파고드는 학자는 아니므로 심리학의 난해한 이론은 명확하게 해설하고 관련 영역의 지식은 될 수 있는 한 요약하여 가르치도록 하였다. 그러나 정신과 의사이므로 어디까지나 신체학, 생리학을 기초에 둔 자연과학 입장의 심리학이며, 분량을 고려하여 사회심리와 교육심리, 사고심리학은 생략하였다.

이 책의 개요를 설명하기로 하자.

1장에서는 여러분이 심리학을 배워서 장래 어디에 쓸 것인가를 우선 알아야 하겠기에 심리학의 영역과 그 응용 분야를 대략적으로 파악하고, 그러한 학문이 어떤 경과로 발전하여 온 것인가를 이해할 수 있도록 극히 요약한 심리학사를 해설하였다.

2장에서는 '지각의 세계'라 하여 대뇌생리학과 대비한 감각, 지각, 인식의 계층과 메커니즘, 특히 가장 분화한 시지각의 분석과 게슈탈트 이론과의 관계, 또한 감각심리에서는 가장 분화한 시각과 가장 미분화한 후각에 대하여 최신의 연구 등을 소개하면서 알기 쉽게 해설하였다.

3장과 4장의 행동의 과학은 이 책의 가장 특이한 부분이다. 동기 부여에서 동기심리학, 본능 행동의 해석에서 동물심리학, 4장에서는 고전적 조건화, 오퍼런트 조건화, 기억 등의 학습심리학, 애착(Attachment)에서 아동심리학과 행동심리학에 관련 있는 영역을 대담하게 다루어 알기 쉽게 해설해 보았다.

5장은 '무의식의 세계'라 하여 최면에서 정신분석까지 이어지는 계보를 에피소드를 섞어가며 해설해 보았다.

6장에서는 성격(Personality)=개인차의 심리학이란 장을 설정하여 개인차 심리학, 지능심리학, 성격학, 병적학(病跡學)을 요약하였다.

7장은 카운슬링의 실제로 임상심리학의 기초와 실천을 필자의 실천을 기초로 요약해 보았다.

전체적으로 종래의 심리학 각론의 테두리를 벗어나지 않고 입문서로서 기본적인 기초지식을 모아 놓고 또한 장래 그것이 사회의 어떤 분야에서 이용될 수 있는지 알 수 있도록 읽을거리로서도 마음을 쓴 셈이다.

편안한 마음으로 즐겁게 읽고 난 다음에 심리학의 아우트라인을 파악할 수 있다면 기쁨으로 여기겠다.

차례

1장 심리학이란 어떤 학문인가

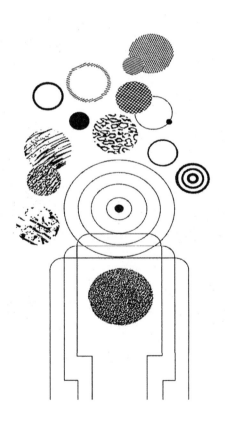

심리학이란?—심리학의 정의

심리학이란 한마디로 말하면 마음의 작용을 탐구하는 학문, 즉 마음의 과학이다.

원래 심리학이란 말은 물리학을 모델로 만들어진 용어이므로 물리학이 물질의 이치를 밝히려는 학문인 데 비해 마음의 이치를 해명하는 학문을 말한다.

결국 심리학이란 그 성립부터 물심이원론에 바탕하고 있어, 처음에는 유신론의 대표인 철학의 일부분으로 생각되어 주로 관념의 내성(內省) 등을 연구하는 경험과학이었다. 그 후 마음의 자리인 대뇌생리학의 진보에 따라 점차 유물론적 심리학, 즉 자연과학으로서의 심리학이 우세하게 되었다. 최근에는 애매한 마음의 작용보다는 객관적인 행동을 연구 대상으로 한 '행동과학'으로 이행하고 있다.

최근에는 유전자를 DNA 수준에서 해명하는 분자생물학이 활발하지만 분자생물학의 권위자인 와타나베 이타루(渡辺格) 교수는 "생명은 물질이며, 마음 역시 물질이다"라는 것이 가까운 장래에 해명될 수 있다고 극언하고 있으며 노벨상을 수상한 도네가와 스스무(利根川進) 박사도 최근 『정신과 물질』이란 책을 출간했다.

분명히 개체의 새로운 복제가 시작되는 과정을 '생명'의 탄생이라고 정의한다면 생명의 물질적 기초는 유전자 조작의 진보에 의해 해명될 수 있을지도 모른다. 그러나 '생물의 죽음'이란 현상의 물리적 해명은 '생명의 탄생' 정도로 쉽지 않을 것이며, 정신의 물질적 해명은 최후까지 남게 될 것이다.

현재에는 마음의 자리가 대뇌에 있다는 것을 의심하는 사람은 없다. 하지만 우리들의 복잡한 사고 과정이 14억의 신경 단위를 갖는 초대형 컴퓨터에 비교될 수 있는 대뇌의 도대체 어느 부분과 대응하고 있는지조차 아직 충분하게 해명되지 않은 현재로서는 그 한 신경세포의 속을 분자생물학적 수준으로까지 대비하여 해명하는 데는 정신이 아득해질 정도의 시일이 걸릴 것이다.

또한 가령 개체로서의 '정신'의 물질적 해명은 되었다 하더라도 어느 집단이나 민족의 사회심리학적 특성을 규정할 만한 분자생물학적 물질이 과연 발견될 수 있을 것인가?

이처럼 자연과학에 입각한 심리학이라 하여도 신경세포의 불꽃방전을 다루는 감각심리학에서 이것을 중복하는 개념 처리 과정을 해석하는 사고-인지심리학, 구매 등의 세속적인 행동을 연구하는 사회심리학 등의 다양한 입장이 있다.

따라서 처음 심리학 교과서를 읽고 모두가 한결같이 느끼는 것은 지금까지 심리학에 대해 갖고 있던 이미지와는 큰 차이가 있으며 "심리학이란 배우지 않은 사람에게는 친밀감을, 배우기 시작한 사람에게는 실망과 망설임을 주는 학문이다"라는 지바(千葉)대학 모즈키(望月衛) 교수의 역설적 정의가 성립되는 것이다.

심리학책은 실로 다양한 입장에서 저술되어 있으므로 분야가 다른 영역의 책이면 도대체 무엇을 읽고 있는지 모르며, 현대 심리학이나 최신 심리학이라 하여도 최근의 내용은 아니다.

반대로 고단샤의 『현대 심리학』이나 아사히 신문사 발행의 '마음 시리즈'에는 그야말로 구미의 최신 연구가 실려 있고, 또한 후지나가(藤永保) 교수 등을 비롯해 좋은 책도 적지 않으나

지금부터 심리학을 배우려는 사람의 입문서로는 약간 어려운 것 같다.

어쨌든 처음부터 어려운 이유만을 나열해 왔는데, 당신도 마음먹기에 따라서는 훌륭한 심리학자가 될 수 있는 길이 있다.

예를 들어 당신이 사회에 나가 '세일즈의 신'이라고 불릴 정도의 영업사원이 되었다고 하자. 그러면 바로 어떤 출판사가 당신을 찾아와서 『판매의 심리학』이란 책을 출판하자고 할지도 모른다.

필자의 책도 그렇지만 '의'자가 '학'의 사이에 있는 동안은 우선 동물의 이름 등이 붙은 무슨무슨 책 같은 것이 해당될 것이다. 그러나 당신의 책이 베스트셀러가 되어 떳떳하게 모교의 교수로 초대받을 정도가 되면 이번에는 '의'가 빠진 판매심리학의 권위자로 딱딱한 이미지의 ○○신서 같은 데서 심리학책이 나오게 될지도 모른다.

이처럼 어느 분야에서도 그 방향의 전문가가 되면 우선 '의'
자가 붙은 심리학의 강좌를 시작할 수 있는 것이 응용심리학이
란 광범위한 실천심리학의 영역이다.

그러면 심리학을 배우는 것은 어디에 쓸모가 있을까?

심리학은 어디에 쓰는가—심리학의 영역

가령 당신이 법학과나 경제학과의 학생이었다고 하자. 사람
의 법 행위도 경제 행동도 결국은 인간성에 깊이 기초하는 것
이므로 그 행동의 해석에는 심리학 지식이 필요하게 된다.

예로서 NHK 시민대학 강좌의 법철학 프로그램을 보기로 하자.
「인간은 왜 싸움을 일으키는가?」라는 제목의 강의에서는 인
간을 이리의 무리로 생각하는 '성악설' 입장에 서면 싸움을 일
으키기 쉬운 인간의 기본적 충동을 이해하기 쉽다고 해설하고
있다.

사람의 싸움의 근원이 되는 '공격성'이란 동물심리학이나 정
신분석학 용어인 '아그레시온' 그 자체이며, 성서에서 카인이
아벨을 죽인 것으로 상징되는 형제간의 뿌리 깊은 싸움은 아동
심리학 용어의 '동포 갈등' 그 자체이다. 또한 구매 행동에는
동기심리학이나 정신분석이론이 응용되고 있다.

또한 문학부 학생들이 작가론을 전개하는 데도 천재의 악마
적인 면을 분석하는 '병적학' 지식이 있으면 해석이 더욱 깊어
질 가능성이 있다. 살아 있는 인간을 치료하는 의학부 학생에
게 '의학적 심리학' 지식은 필수지만 공학부에도 '인간공학'이

란 심리학과 밀접한 영역이 있다.

또한 청년기에는 심리적 갈등이 많고, 자신을 알고 자아의 동일성을 확립하는 중요한 정신의 성장기이다.

그러므로 청년심리학이나 카운슬링을 다루는 임상심리학 분야가 있다.

임상심리학에는 심리 검사를 다루는 지능심리학이나 성격심리학이 포함되어 있으나, 이러한 지식은 심리학 전공 학생이 가정재판소의 조사관이나 법무부의 교정 시설에 취직할 경우에 필요한 지식이며, 아동복지법 관련 시설의 직원(아동상담소, 부인상담소, 정신박약자 갱생상담소, 양호 시설 등의 상담원, 심리판정원, 사례연구원)으로서 취직할 경우에는 여기에다 발달심리학이나 아동심리학 지식이 필요하게 된다. 만일 당신이 교직을 희망한다면 교육심리학이나 학습심리학 지식이 추가된다.

당신이 일반 기업의 사무직을 희망한다 해도 입사시험의 일반상식 문제 중에는 심리학 용어가 나오며, 면접 전에 Y-G (Yatabe-Gilford Personality Test) 등의 질문지법에 의한 성격검사 세례를 받을 가능성이 있다. 마침내 합격하여, 주로 육체로 승부를 결정짓는 영업사원이 되었다 해도 소비자의 구매 행동을 조사하는 광고, 마케팅의 심리학이 당신을 기다리고 있다.

'패키지 디자인과 심리학'

정보화 사회에서 마케팅 전략은 더욱더 복잡화, 다양화되어 가고 있다. 컴퓨터의 활용으로 시장 환경, 소비자 행동, 경쟁 기업의 마케팅 활동 등의 모든 정보가 비축되고 최고경영자 및 마케팅 담당자에게 문의되어 의사결정의 단서가 되고 있다. 혹은 시뮬레이션 모델, 체험적 모델, 결정 모델, DP 모델, 다변량해석 모델 등의 적용에 의해 정보가 가공되어 의사결정을 쉽게 하기 위한 연구 개발도 이루어지고 있다.

이 마케팅 전략의 변모에 수반하여 '패키지 디자인'이 다른 마케팅 활동과 무관하게 한 조형가의 심미적 욕구 충족의 대상이 된다는 것은 이미 불가능해지고 있다.

패키지 디자인의 역할은 ① 보호성, ② 기능성, ③ 설득성 또는 전달성, ④ 심미성이다. 이러한 역할은 모두 여러 정보에 입각하여 결정된 종합적 마케팅 전략에 의해 방향이 정해진다. 이것의 하부 시스템으로서 패키지 디자인에 심리학은 ① 정보 수집 활동, ② 패키지 디자인 테스트에 응용된다. 테스트법은 관찰법, 질문지법, 실험법 등이 있다. 실험실에서는 아이카메라(Eye-Camera, 안구운동 기록 장치)에 의해 '보아야 할 곳에 눈이 가 있는가', 타키스토스코프(Tachistoscope, 순간기억 측정 장치)에 의해 '상표명, 일러스트레이션은 인지되기 쉬운가', 퓨필로미터에 의해 '정동을 자극하는가' 등을 측정한다. 그 밖에 디스턴스 레터, 스테레오 레터, 척도법 등이 사용된다.

앞으로는 단순히 정보 수집이나 테스트에 멈추지 않고 패키지를 포함한 마케팅 전략 전체에 필요한 모델(가령, 부시-모스텔리의 모델) 개발에 다른 과학과 연계하면서 심리학이 나가게 될 것이다[오야마(大山正) 외, 『심리학을 배운다』에서 발췌].

이상은 어느 대기업 광고회사 기획부장의 논문 일부이다. 하찮은 백화점의 포장지 디자인 하나를 결정하는 데도 발음하기도 어려운 영어를 잔뜩 써서 스폰서를 어리둥절하게 하거나, 간부들을 세뇌할 정도의 재능이 없으면 도저히 살아 있는 말의 눈알을 뽑아야 할 대기업 광고회사 부장 자리에는 앉아 있을 수 없다.

미국 인기 TV 프로그램인 『마나님은 마녀』의 남편은 대단치 않은 광고회사의 기획담당이었다. 이 영역은 실질적인 나라 미국에서 발달한 것으로 정신분석 이론을 대담하게 응용한 CM에서 시작하여 디자인 심리학, 색채심리학, 소비자의 욕구를 탐색하는 동기심리학, 매스커뮤니케이션 이론 등의 사회심리학, 산업심리학의 지식이 요구된다.

그렇다고 해서, 예를 든 부장의 연설을 듣고 어떤 분야의 심리학책을 읽으면 좋을까 하는 요령은 이 책을 읽고 내용을 충분히 이해하고 있으면, 명분에 압도되어 노이로제가 될 염려는 없으며, 반대로 부장보다 한 수 앞설 수도 있을 것이다.

그러나 불행하게도 이 책을 읽지 않을 정도로 요령이 없는 사람 중에는 정말 노이로제에 걸리는 사람도 있으므로, 당신이 인사담당자가 되어 직원의 정신 건강관리를 하게 되면, 즉시 이상심리학이나 정신위생 지식이 필요하게 된다.

이상과 같이 더욱더 복잡해진 현대사회에 있어서는 어느 분야로 진출해도 심리학과 인연을 끊을 수가 없으므로, 후에 당신에게 필요할 때 참고할 수 있는 책이 되도록 이 책을 쓴 셈이다.

심리학은 어떻게 발전하여 왔는가—심리학의 역사

심리학은 마음의 작용을 탐구하는 학문이므로 근원을 따지면 아리스토텔레스(Aristoteles)의 '영혼론'까지 소급할 수 있으므로 "심리학의 과거는 길고, 그 역사는 짧다"고 에빙하우스(Ebbinghaus)가 말한 것같이 오랫동안 철학의 한 부분으로서 다뤄져 왔다.

분트의 등장—과학으로서의 심리학으로

심리학이 과학으로서 우여곡절을 겪으면서도 독립한 것은 1879년, 분트(Wundt)가 라이프치히대학에 심리학 실험실을 설립한 다음부터이며, 이해를 심리학의 원년, 분트를 '심리학의 아버지'라고 부르고 있다.

그전까지는 오직 명상에 잠겨 구름을 잡는 것 같은 마음의 움직임을 연구하고 있던 심리학도 그 후부터 물리학이나 화학처럼 실험실을 갖는 자연과학으로 끼어들 수 있었다.

그렇다고 해도 분트의 심리학은 주로 관념연합의 법칙 등을 연구하는 유심론과의 절충에 불과하였다. 분트가 자연과학으로서의 심리학을 지향한 것은 그때까지는 마음의 자리인 대뇌의 생리에 대하여 상당한 것을 알고 있었기 때문이었다.

그때까지 대뇌생리학의 지식은 다음과 같이 요약할 수 있다.

1. 중추신경에는 상행성의 감각신경과 하행성의 운동신경의 구별이 있다[헤르-마장디(Magendie) 1811, 1822].

2. 그 밖에 무릎반사 같은 척수 수준의 반사궁이 존재한다[홀(Hall)-뮐러(Müller) 1834].

3. 대뇌에 운동성의 언어중추가 있는 것이 확인되었다[브로카(Broca) 1861].

4. 이러한 신경계는 특수에너지로 전달되며 그 전달 속도를 실제로 측정할 수 있다(헤르-뮐러 1850, 헬름홀츠 1861) 등이다.

당시의 의학은 생리학의 전성시대로 실험생리학의 아버지라 불리는 J. 뮐러(Müller)가 『생리학제요』를 저술한 것이 1840년, 제자인 헬름홀츠(Helmholtz)가 『청각론』을 저술한 것이 1862년 으로 감각 측정이 일종의 유행이 되었던 시대였다.

특히 촉각의 변별역 값의 법칙을 발견한 베버(Weber)와 페히너(Fechner)는 심리학에 큰 영향을 끼쳤다.

눈을 감고 손바닥에 30g의 무게 S를 작용시켰을 경우 1g의 증가(ΔS)라도 변별할 수 있으나 300g의 무게(S')일 때는 10g의 증가(ΔS')가 아니면 변별할 수 없고 ΔS/S는 항상 일정하다. 이 것이 베버의 법칙이다.

라이프치히대학의 동료였던 페히너는 이 법칙을 확대하여 가로축에 감각자극 S, 세로축에 감각척도 R을 설정, 촉각 변별역 값을 도면상에 그려 나가면 로그곡선을 구성한다는(R=clogS) 베버-페히너의 공식을 수립하고 1860년대 '정신물리학'을 제창하였다(〈그림 1-1〉 참조).

이 공식의 중요한 점은 심리학의 가장 기본적인 요소인 '감각', 바꿔 말하면 의지할 바가 없었던 정신의 작용이 실험에 의해 실제로 측정되고 또한 수학적 연역이론까지 적용된다. 즉 심리학이 물리학 정도의 테두리에 논할 수 있는 가능성을 증명할 수 있는 것이었기 때문이다.

페히너는 원래 라이프치히대학의 물리학 교수이며 은퇴하고 나서 철학을 연구하여 『정신물리학 원론』을 집필하였다. 31살 연하의 분트가 라이프치히대학에 부임하였을 때는 그도, 6살 연상의 베버도 건재하였다. 베르나르(Bernard)가 유명한 『실험의학 서설』을 저술한 것이 1865년이므로 일본에서도 요시이키

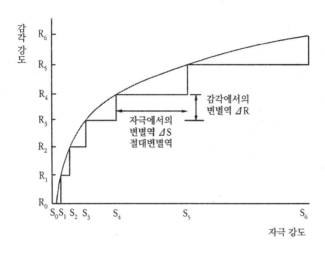

〈그림 1-1〉 페히너의 법칙

(吉益東洞)의 '친시 실험' 등 고의방파(古医方派)에서 실증적인 실험이 중시된 시대이다. 페히너의 심리학 실험의 의의는 그 현상이 우연히 생기는 일이 아니고, 누군가 반복하여 재현할 수 있는 객관성과 보편성이 있는 자연과학이라는 증명이다.

원래 뮐러의 생리학연구실 출신이었던 분트는 라이프치히대학의 철학 교수가 되어 정신물리학과 대뇌생리학 지식을 배경으로 자연과학을 지향한 심리학 실험실을 설립하였다.

분트의 심리학 체계

그러나 분트의 연구 대상은 자연과학이 대상으로 하는 객관성을 지닌 '간접체험'이 아니고, 주관적인 '직접체험'이며 그 연구 방법도 자신의 사고체험을 '내관법'에 의해 자기 관찰한다는 의식주의였다.

W. M. 분트

따라서 모처럼 실험실에서 하고 있던 것도 방법에 있어서는 철학과 별로 다를 것이 없는 연상 실험이 중심이었다.

분트의 심리학 체계는 현재에는 역사적 가치밖에 없으나 극히 간단히 설명한다.

사람이 생각하는 복잡한 심적 복합체(콤플렉스)를 분석하면 이 이상은 분해할 수 없다는 '단일심적 요소'까지 이른다.

이 단일심적 요소의 결합 양식이나 그 연합의 법칙을 밝히는 것으로 마음의 작용을 탐지할 수 있다는 베이컨(Bacon), 밀 (Mill)에서 스펜서(Spencer)에 이르는 영국 연상심리학의 영향을 강하게 받았다.

가령 '사과'라는 말을 듣고 무엇을 연상하는가를 분석하면 시각의 '붉은', '둥근', 미각의 '달다', '시다', 후각의 '방향(芳香)', 촉각의 '미끈미끈한', '차가운' 등의 단일심적 요소로까지 분해할 수 있다. 즉 우리들의 오관이 자극되는 것에 의해 각종의 '감각'이 생겨, 이러한 '관념'이 성립하고 '관념'이 연합하여 '복합체'가 되어 결국은 '사과'라는 인식이 성립한다고 생각하는 '요소-연합주의'이다.

이 분트의 가설도 당시 과학계를 지배한 뉴턴(Newton)의 '역학적 자연관'의 영향을 받았다.

뉴턴이 만물은 원자 단위까지 분해할 수 있으며 물질은 원자 사이의 인력에 의해 존재한다는 고전적 물리학 체계를 수립한 것은 1687년이었다. 그러나 이 역학의 법칙이 화학이나 생물학, 의학에까지 적용되어 모든 자연현상을 물질 사이에 작용하는 인력과 반발력으로 설명할 수 있다는 헬름홀츠의 '역학적 자연관'이 19세기까지의 과학사상을 지배하였다.

NHK의 대하드라마 『화신(抱神)』에서 오무라 마스지로(大村益次郎)는 왕년의 제자였던 '오이네'로부터 간장병은 간장을 구성하는 간 '세포' 하나하나가 병들었기 때문이라는 비르효(Virchow)의 혁신적인 '세포병리학' 이야기를 듣고 자신은 이미 현역 의사로서 통용할 수 없게 되었다는 감회를 갖는 장면이 있다.

이 기초의학에서 '세포'의 개념이야말로 물리학의 원자에 해당하는 것으로 분트도 심리학에서의 원자로서 '단일심적 요소'라는 단위를 상정하였다.

이 단일심적 요소의 기본인 '관념'을 형성하는 '감각'이 페히너의 '정신물리학'에 의해 실제로 측정할 수 있게 되었다.

분트가 정신물리학이나 신경생리학의 지견과 연상심리학의 절충에 의해 심리학의 법칙을 밝힐 수 있다고 생각하였던 것도 무리는 아니었다. 여기서 당시 분트의 심리학 교실에서는 어떤 연구가 이루어지고 있었는지 알아보자.

밝기, 색채의 정신물리학적 연구, 시각 대비, 착각, 운동시(運動視), 복합음, 울림의 융합-분해 등 현재의 감각심리학이나 지각심리학에 속하는 것이 대부분이지만 반응시간 측정, 주의력 등의 항목은 빛의 깜박임을 사용하여 피로도를 측정하는 현대의 산업심리학에 이어지고, 또한 연상의 통계, 매개연상 등의 연상 실험은 유관계-무관계의 기명력 테스트로 현재도 남아 있다.

여기서 분트의 인간성에 대해서 간단히 언급하기로 하자.

분트(1832~1920)는 목사의 아들로 태어나 하이델베르크대학의학부에 입학하여 생리학에 흥미를 갖고 뮐러 말년의 제자가 되었고, 이어서 헬름홀츠 교실의 조수가 되었다. 그의 저서인 『생리학적 심리학 원론』이 인정받아 라이프치히대학의 철학교수가 되었으나 거기에는 31살 연상인 페히너와 베버가 아직 건재하고 있었다.

그는 주머닛돈을 털어 심리학 실험실을 설립하고 거기에서 5만 쪽에 이르는 논문을 썼다. 그의 교실에는 각국의 연구자가 밀어닥쳤으며 그중에는 미국인이 많았다. 덕분에 미국은 심리학이 성하게 되고, 모토요시(元良勇次郎)나 마쓰모토(松本)의 미국 유학을 통해 간접적으로 최신의 유럽 심리학이 일본에 전해지게 되었다.

일본 심리학의 역사

여기서 일본의 심리학 역사를 되돌아보기로 하자.

모토요시가 일본에서 최초의 심리학 강좌를 도쿄대학 문학부 철학과에 개설한 것이 분트가 심리학 실험실을 개설한 10년 후인 1889년이었다. 당시의 교통 사정을 생각하면 이 최신 학문의 전파는 빠른 편일 것이다.

모토요시는 1859년 셋쓰국(摂津國) 미다 번사의 집에 태어나 어렸을 때 영어를 배운 미국인의 소개로 도시샤(同志社)대학에 입학하였다. 1884년에 미국으로 이동하여 보스턴대학에서 철학을 2년간 전공한 후 존스홉킨스대학으로 옮겨 홀에게 3년간 지도를 받고 학위를 받았다.

당시의 일본 유학생은 니이지마(新島襄)나 츠다(津田梅子)같이 우선 지리적으로 가까운 미국을 통해 간접적으로 유럽의 학문을 섭취하는 경우가 많았다. 홀은 분트의 제자였으므로 모토요시도 스승인 홀을 통해 유럽의 새로운 심리학을 배울 수 있었다.

2대째 도쿄대학 교수가 된 마쓰모토 마다지로(松本亦次郎)는 다카사키 번사 출신이며 도시샤 영어학교를 거쳐 일고(一高), 도쿄대 코스를 진학한 수재이다. 대학원에서는 모토요시 밑에서 심리학을 전공하고 대학원 재학 중에 예일대학에 자비로 유학하였다.

마쓰모토는 분트의 제자이며 실험심리학의 권위자였던 스크립추어의 조수가 되어 2년 사이에 학위를 취득하였다. 모토요시가 고도관(講道館)의 가나(嘉納治五郎)를 움직여 독일 관비 유학을 따주어 분트의 연구실에 들러 심리학 실험기구 일체를 갖고 귀국해 1901년에 도쿄대학에 일본 최초의 심리학 실험실을 설립하였다.

귀국 후 교토대학의 심리학 교수가 되었으나 1913년에 단독(丹毒)으로 급사한 모토요시의 뒤를 이어 도쿄대학 심리학 교수가 되어 오랫동안 그 자리에 있었다. 마쓰모토는 미술에도 조예가 깊고 심리학의 실용을 중시하였다. 제자의 취직자리를 얻기 위해서도 육해군이나 경찰, 산업계에 많은 제자를 보내어 적극적으로 응용심리학의 영역을 개척하여 일본 심리학회의 골격을 이룩한 사람이기도 하다.

에도가와(江戸川乱歩)의 소설에 완전범죄를 범하고 자신만만한 청년이 예고된 심리 테스트를 경시청에서 받는데 '나이프=피' 등 생생한 자극어에 대한 반응시간이 도리어 단축되어 있다는 연습 효과를 명탐정 아케치(明智小五郎)에게 간파된다는 작품이 있다. 이러한 것은 마쓰모토의 범죄심리학 응용을 연상하게 한다. 그러나 아이로니컬하게도 현대 심리학은 모두 모토요시나 마쓰모토가 배운 이 분트 심리학의 체계를 부정하는 과정에서 탄생한 것이다.

현대 심리학으로의 발전

분트 심리학의 첫째 특징은 개인의 의식 내용이란 '직접체험'을 내관법에 의해 분석하는 의식주의이며 도저히 자연과학의 수법과는 타협할 수 없는 것이었다.

따라서 주관적인 사고내용을 일절 문제로 하지 않고, 그때 사람이 실제로 취한 객관적인 행동만을 연구 대상으로 하려는 왓슨(Watson)의 행동주의가 1912년부터 제창되어 톨만(Tdman)이나 스키너(Skinner)의 신행동주의 및 학습심리학으로 이어져 현재는 심리학이라면 '행동의 과학'이라고 정의되기까지 현대 심리학의 주류로 발전하여 왔다.

분트 심리학의 연구 대상에는 내관의 훈련을 쌓은 심리학자를 필요로 하였으나, 행동만을 문제로 삼는다면 연구 대상은 일반 성인에서 아동, 심지어는 동물까지 포함된다.

그러므로 미국에서는 쥐의 미로 실험 등이 활발하게 이루어져, 행동심리학이 '쥐의 심리학'이란 뒷소리까지 들었으나 동물행동학(Ethology), 생태학(Ecology) 등 동물심리학의 지식을 아동심리학이나 발달심리학과 대비하는 비교심리학으로의 길도 터놓았다.

분트 심리학 체계의 두 번째 특징은 연구 대상을 어디까지나 명확한 의식체험에 한하는 것이었다. 그러나 프로이트(Freud)는 『꿈의 해석』을 저술하며 인간의 의식에 확산되는 광대한 무의식의 영역에 분석의 메스를 가했다.

프로이트가 창시한 정신분석학은 초기의 범성욕론이 세상의 반발을 샀으나 점차 사회에서 수용되고, 특히 2차 세계대전 중에 나치의 박해를 피하여 망명한 아들러(Adler), 프롬(Fromm), 흐르나이(Homey) 등의 프로이트의 수제자들에 의해 미국에서 융성하여 신프로이트파(네오프로이디언)라고 불리고 있다.

분트 심리학의 세 번째 특징은 심리학의 법칙이 누구에게나 일정하게 통용될 것을 전제로 하는 간츠하이트 심리학으로 개인차는 일절 고려하지 않고 있다는 것이다.

그리니치 천문대장은 조수의 측정값에 언제나 0.5초의 오차가 있는 것을 태만이라 하여 해고하였으나, 독일의 천문대장 F. W. 베셀(Bessel)이 이목법(耳目法)에 의한 반응시간에 개인차가 있다는 것을 밝힌 다음부터 차별심리학이 주목받게 되었다.

1905년, 비네(Binet)에 의해 최초의 지능검사가 개발되고 케테르의 성격검사에 의한 특성론 등이 이어져 성격심리학, 지능심리학, 심리검사의 실천에 의한 임상심리학 등 분야의 발달을 촉진하게 되었다.

게슈탈트 심리학의 탄생

분트 심리학의 네 번째 특징인 요소-연합주의의 부정으로 또 새로운 게슈탈트 심리학(형태심리학)이 탄생하게 된다.

이 새로운 심리학의 기수가 된 베르트하이머(Wertheimer)는 분트의 요소-연합이론에서는 도저히 설명할 수 없었던 '가현운동'으로 고민하고 있었다.

'역사는 우연에 의해 만들어진다'라고 하는데 게슈탈트학파의 탄생도 전적으로 우연에 의한 것이었다. 비엔나에서 라인 급행을 탄 베르트하이머는 문득 운동시의 실험 아이디어가 떠올랐기에 도중에 프랑크푸르트역에서 내렸다. 마침 프랑크푸르트대학에는 친구인 슈만이 신임 심리학 교수로 근무하고 있다는 것을 생각하고 바로 그 실험실을 빌렸다. 슈만은 친절하게도 실험 조수로 쾰러(Köhler)와 코프카(Koffka)를 참여시켜 주고 이후 신참인 레빈(Lewin)이 가세하여 새로운 심리학을 발전시켜 나갔다.

이때 베르트하이머가 사용한 순간노출기에 근소하게 차이가 난 연속도형을 적용하면 운동시가 생기는 것은 애니메이션이나 영화의 원리로 지금은 상식이다. 그러나 이 가현운동을 분트의 요소심리학에서 설명하는 것은 어렵고, 우리들의 지각이 실제로는 약간씩 시공간에서 떨어진 2점의 감각을 하나의 통합된 자극으로 인지하고 있다고 생각하지 않으면 설명이 되지 않는다.

이처럼 인간의 감각은 원자와 같은 단일 요소로 분해될 수 있는 것이 아니고, 오히려 하나의 형태(게슈탈트)를 갖는 자극의 세트로서 인지되고 있다는 것이 게슈탈트 심리학의 사고이며, 현대의 패턴인식 이론에도 이어지는 새로운 심리학이었다(2장 '지각의 게슈탈트 요인', '게슈탈트 심리학의 기본적 사고' 참조).

프랑스의 게슈탈트 심리학자 기욤은 가현운동현상을 '시네마 지각'이라 명명하고 있으나 프랑스에서 실용화되어 독일, 미국을 경유하여 1912년에 일본에도 상륙한 영화의 발전이 간접적으로 게슈탈트 심리학의 발달을 촉진한 셈이 된다.

일본 최초인 니카쓰(日活) 영화사의 개설은 1912년인데, 베르트하이머가 게슈탈트 이론을 거의 완성한 1920년에는 마키노

〈표 1-2〉 근대 심리학의 흐름

년	심리학 역사	사회적 사건
1789		프랑스 혁명
1814	파리의 메스머	비엔나 회의
1860	페히너 『정신물리학』	링컨 대통령 취임
1862	골턴 『천재와 유전』	
1879	분트 심리학 실험실 설립	아인슈타인 탄생
1883		케인즈 탄생, 마르크스 사망
1888		
1889	모토요시 심리학 개강	
1890		모리오가이 독일 유학
1900	프로이트 『꿈의 해석』	
1903		라이트 형제 비행기 발명
1905	비네의 지능테스트	상대성이론
1910	파블로프 노벨상 수상	
1912	게슈탈트 심리학 발족	타이타닉호 침몰
1913	왓슨 행동심리학	
1914		1차 세계대전 발발
1920	프로이트 이론의 최종 정정	
1930		세계적 대공항 발발
1935	쾰러 미국 망명	히틀러의 유태인 박해
1937	톨만 신행동주의	힌덴부르크호 폭발
1938	스키너 『생체의 행동』	
1939		2차 세계대전 발발
1940	프로이트 런던 망명	
1943	헐 『행동의 체계』	
1945		2차 세계대전 종결
1950	학습이론 회의	한국전쟁 발발
	로저스 이론 완성	
1960		베트남 전쟁
1970		인류 최초 달 착륙
1980	인지심리학과 정보처리이론	

프로덕션이 생겨 영화관에서 무성 시대의 채플린 단편영화가 전성을 이루었다.

대학의 심리학 실험실에서 소리굽쇠가 내는 단일음에 대한 몇 백 쪽이나 되는 내성보고서를 쓰는 데 지긋지긋해진 쾰러는 즉시 이 새로운 심리학의 연구진에 가담하였다. 그는 카나리아 제도의 유인원 연구소장일 때 1차 세계대전에 말려들어 구류 중에 불후의 논문 「유인원의 지혜시험」을 발표하여 전쟁 종료 후에 베를린대학의 심리학 교수로 초빙되었다. 이때에는 젊은 레빈도 가담하여 베를린에는 세계 각국에서 기예의 심리학자들이 모여들어 게슈탈트 운동의 중심이 되었다.

전쟁 후의 혼란과 인플레에 고민하던 베를린은 그만큼 외화를 갖고 있는 외국 유학생에게는 생활하기 쉬웠다. 자이가르니크는 쾰러의 심리학 교실에 유학하고 있던 러시아인 여학생이다. 당시의 베를린대학에는 객원교수인 베르트하이머와 젊은 레빈이 강사를 하고 있었다. 재기발랄한 레빈의 주위에는 각국의 여자 유학생이 둘러싸고 있었다. 자이가르니크 효과란 그룹이 단골로 가는 레스토랑에서 레빈이 웨이터에게 시도한 심술궂은 실험이 힌트가 되었다(4장 '단기기억과 장기기억' 참조). 또한 크리무트에서 시레에 이르는 세기말 퇴폐미술가가 우글거렸고, 다케히사 유메지(竹久夢二)나 아쿠다가와 류노스케(芥川龍之介)도 유학하였다. 예언자 하누센이 예고한 나치 대두까지 잠시 동안 향락과 자유에 충만한 국제도시 베를린의 분위기는 영국인 유학생과 무희의 연애를 다룬 라이저 미네리 주연의 영화 〈카바레〉에 잘 묘사되어 있다.

미국에는 뿌리를 내릴 수 없었던 게슈탈트 심리학

히틀러의 유태인 박해에 의해 베를린대학에 있었던 퀼러, 베르트하이머, 코프카, 레빈 등은 1930년대 전반까지 모두 미국에 망명하였기 때문에 게슈탈트 심리학의 중심은 미국으로 옮겨지고 말았다. 그러나 수년 후 오스트리아 병합으로 비엔나에서 쫓겨난 정신분석학파의 성공에 비하여 "게슈탈트 심리학은 완전히 소멸하고 말았다"라고 말하는 학자도 있을 정도였다.

원래 '게슈탈트'란 칸트나 헤겔의 독일 철학 흐름을 따르는 개념으로, "미국인은 이용할 수 있는 자료는 받아들였으나 게슈탈트 심리학의 본질에 대해서는 이해할 수 없었다"라고 퀼러의 제자들은 술회하고 있다.

CM이론 등에 활발하게 응용된 정신분석학에 비하여 연구를 정통심리학의 전통인 지각의 영역에 한정한 게슈탈트 심리학부터는 전쟁 중의 군사시설의 위장 정도로밖에 실용화할 수 없었던 것이 미국으로의 이식에 실패한 최대의 원인일 것이다.

그러나 가장 젊었던 레빈이 아이오와대학으로 옮기고 나서 그의 동기심리학을 우선 군사관계의 실천 활동을 통해 발전시켰다. 레빈이나 네오프로이디언이라 불리는 기예의 심리학자가 나치에 쫓겨 실천주의의 나라 미국에 집단이주한 것으로 여론조사나 마케팅 리서치, 그룹 이론, 리더십 등의 사회학이나 정치학, 문화인류학과 협조한 응용심리학의 범위가 넓어졌다.

또한 공업화 사회에서의 대인관계 왜곡이 증대함에 따라 산업심리나 임상심리의 분야에 로저스(Rogers)의 새로운 비지시적 카운슬링 이론이 나타나 전후의 일본에도 퍼졌다. 또한 컴퓨터의 발달에 의한 정보처리이론이 피아제(Piaget)에서 브루너

(Bruner), 나이서에 이르는 인지심리학과 이어져 앞으로 성과가
기대되고 있다.

2장 지각과 감각의 세계

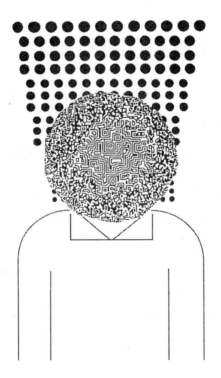

이 영역에서는 분트 이래의 감각 측정을 주축으로 하는 실험 심리학과 여기에서 파생한 심리측정법, 수리통계법을 추가한 것이 전통적으로 대학에서의 심리학 범주가 되고 있었다.

이 분트 심리학 체계의 비판에서 출발한 게슈탈트 심리학도 주로 지각에 관한 새로운 학설이었으므로 이 테두리 안에 완전히 함유되어 지각, 기억, 사고, 비교, 감각심리학 등의 각론이 문학부 심리학과의 주요 커리큘럼을 차지하게 되어, 정통심리학이라고 부른다. 이 책에서는 그중 기억을 4장의 학습심리에 포함하기로 하고 지각심리학, 감각심리학의 최신 지식을 중심으로 신경생리학과 대비하면서 설명하겠다.

감각, 지각, 인식, 사고의 과정

우선 마음의 자리인 대뇌의 생리학에서 본 감각, 지각, 인식, 사고의 여러 과정에서 부여할 위치를 〈그림 2-1〉에 나타냈다. 우리들이 다가오는 호랑이를 보고 쏜살같이 도망가는 과정을 분석해 보자.

철학의 인식론까지 깊이 들어갈 생각은 없으나, 우리들의 감각수용기(센서)의 하나인 눈의 망막에 포착된 호랑이 영상은 전기신호로 변환되어 자료처리기구인 대뇌 후두엽의 시각중추까지 보내진다. 이 감각 전파 과정을 상세하게 해석하는 것이 감각심리학의 영역이다.

이 호랑이라는 감각자극이 알고 있는 것인지, 모르는 것인지를 선별하여 알고 있는 것이라고 판단하면 그 정보는 주로 우

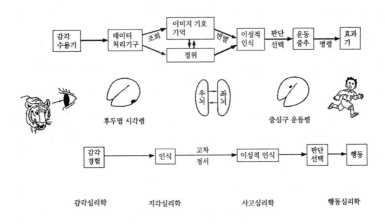

〈그림 2-1〉 대뇌생리학에서 본 감각, 지각, 인식, 사고의 과정

뇌에 저장되어 있는 방대한 이미지 기호에 급히 조회하고, 좌뇌에서 다시 판별하여 이성적 인식의 수준에 도달한다는 것이다.

어떤 큰 동물이 자신에게 달려온다는 인식까지가 감각심리학에서 다루는 범위이며, 그것이 왠지 전에 본 일이 있는 동물 같다고 기지(旣知)그룹으로 선별되면, 전에 동물원에서 본 호랑이라는 시지각이 생긴다. 여기까지가 지각심리의 영역이다.

우뇌는 과거의 감각경험에 의해 비축된 이미지 기호와 조회하여 이러한 신기자극의 처리에 임하고 있는데, 이 인식의 단계란 비언어적 관념 이해, 단순 언어 이해에 불과하다.

즉 자신을 향해 접근하고 있는 큰 동물이 과거에 동물원에서 본 '호랑이'와 같다는 것만의 인식에 불과하며 그 위험성에 대해서는 생각이 아직 미치지 않는 방심 상태이다.

이어서 신호는 연락계인 뇌량(腦梁)을 통해 분석적 논리 뇌인 좌뇌에 보내져 '호랑이'는 무서운 적이라는 '이성적 인식'에 이르고, 이어서 자신이 호랑이를 처치할 수 있는 엽총을 갖고 있는 가의 여부를 분석하여 지금 싸울 것인가, 도망칠 것인가의 판단-선택을 하고 나서 도망하라는 명령이 대뇌 중심 회로의 운동중추에 전달되어 비로소 양발이 움직여 도주 반응이 생긴다.

이 판단-선택까지의 과정을 다루는 것이 사고심리학의 영역이다. 저차원의 '인지'가 점차 정리-순서가 생겨 고차원의 '이성적 인식'에 이르러, 현상 분석을 한 다음 판단-선택이 되어 그 사람의 행동이 결정된다.

이 인식 과정을 생략하고 감각자극 S의 입력과 도주 반응 R에만 초점을 맞추어 생체를 자극에 대해 어떤 반응을 일으키는 S-N-R계로 단순화하여 연구해 나가는 것이 바로 왓슨의 행동심리학이다.

뇌의 외상에 의해 증명된 인식 과정의 계급체계

이러한 인식 과정의 계급체계(Hierarchies)가 단순히 관념이 아니라는 것은 뇌의 외상 등에 의해 감각수용중추가 실제로 고장 난 '실인증'으로 증명된다.

그러나 실인증은 시각, 청각, 촉각 등이 고차로 분화된 감각중추의 고장으로만 생기며 미분화된 미각, 후각에서는 일어나지 않는다.

예를 들어 시각중추가 있는 후두부의 조거구(鳥距溝)가 상처 나면 열쇠 뭉치를 분명히 보고 있는데도 그것이 무엇인지를 말할 수 없는 '정신맹(精神盲)'이란 실인 상태가 생긴다. 그런데 이 사람에게 열쇠 뭉치를 흔들어 짤랑짤랑 소리를 들려주면 청각 수용중추에는 이상이 없으므로 청각계의 조회는 성립되어 "아!

열쇠 뭉치였습니다"라고 대답한다.

프랑스의 정신의학자 장 드레는 실연하여 부인용 권총으로 자살을 기도하여 우두정엽의 촉각중추를 다친 20세 여성의 예를 보고하고 있다.

상해된 중추가 신경을 지배하고 있는 왼손에 가위를 잡게 한 후 무엇이냐고 물으면 철제이고, 차갑고, 둥근 2개의 고리가 있는 물체이므로 그것은 안경일 것이라는 대답이었다. 즉 개개의 저차원의 촉각 자극인식은 올바른데 그것들을 통합하여 조회하는 과정이 잘되지 않는 것이다. 이처럼 '실인증'이라 하여도 손상된 부위에 따라 여러 가지 수준의 실인증이 있다.

가령 자신이 지금 움직이고 있는 손가락의 이름을 댈 수 없는 '수지실인증'이 있다.

자신의 신체감각의 기억흔적 '보디(Body) 이미지'는 기억으로서 두정엽에 저장되어 있으므로 그곳이 파괴되면 수지실인이 생기게 된다.

그러나 2개의 거대 컴퓨터인 좌우의 뇌는 뇌량에 의해 밀접하게 연락되어 서로 보합하고 있으므로 이 연락로를 완전히 절단하지 않으면 어느 쪽의 뇌에 그 중추가 있는지 증명할 수 없다.

스페리(Sperry)는 간질의 외과수술에서 이 뇌량을 절단한 '분리 뇌'의 예를 사용하여 좌우뇌의 기능을 확인하고 〈그림 2-2〉 같은 편재를 설정하였다.

이처럼 실인증이나 중추 편재의 연구는 뇌의 일부만이 고장나서 전체의 지능 저하가 없는 드문 사례나 또한 '분리뇌' 등의 특수한 사례에서 이루어졌으나, 가도다(角田)는 음의 간섭현상을 사용하여 좌우뇌의 편재를 확인하는 교묘한 실험을 고안하여

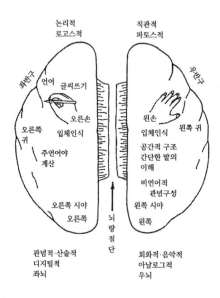

〈그림 2-2〉 스페리에 의한 좌우뇌의 기능

사물의 존귀함을 아는 동양인은 이성적인 서양인과는 달리, 벌레소리도 우위뇌인 좌뇌로 듣고 있다는 것을 증명하였다.

〈그림 2-2〉는 이러한 연구를 통합한 좌우뇌의 편재인데, 하나의 중추 고장은 당연히 인식 수준 전체를 저하시키므로 운동성 실어증을 일으키는 브로카의 중추처럼 그 기능이 극히 좁은 영역에 한정하여 있는 대뇌중추는 적다는 것도 알게 되었다.

감각정보처리는 어떻게 이루어지는가

이처럼 인지란 감각의 수용만이 아니라 어느 정도의 사고 과정도 포함한 것이다. 또한 입력된 감각정보를 자신에게 중요한 의미를 갖는 주체인 '그림'과 그다지 의미가 없는 객체인 '배경'으로 선택하는 '체제화'의 과정이기도 하다.

이 감각정보처리에는 다음의 두 가지 유형이 있다.

'백문이 불여일견'이듯이 한 번에 가장 많은 '사실성을 갖고' 또한 정확한 정보를 발송할 수 있는 감각의 왕자, '시지각'에 대하여 생각해 보자.

알고 있는 것의 정보처리

예를 들어 우리들이 가스탱크를 보았을 경우 "앗, 저것이다!" 라는 순간에 성립하는 직접적, 즉물적인 인지 과정이 생긴다.

이 과정을 분석해 보면 망막에 비친 가스탱크의 영상은 우선 측두엽에서 전에 본 일이 있는 기지그룹으로 분류된다. 그 원주형의 영상은 전에 보고 우뇌에 기호화하여 저장되어 있는 가스탱크의 도형과 순간적으로 조회되어 "앗, 그 가스탱크다!!"라는 즉물적 인식이 성립하는 것이다.

이것은 조립 로봇이 컨베이어벨트로 보내지는 여러 가지 부품 영상을 아이카메라로 포착하여 미리 컴퓨터에 입력되어 있는 필요 부품의 도형과 조회하여 맞으면 즉시 쌓아올리는 자동처리 과정과 같다.

이 가설을 실제로 증명하는 M. V. 젠텐의 실험이 있다.

태어날 때부터 수정체가 혼탁한 선천적 시력장애인이 성장한 후 백내장 수술을 하면 망막이나 시신경계에 이상이 없으므로 시지각이 성립되는 과정을 상세하게 관찰할 수 있다.

이 사람에게 삼각형을 보이고 무엇인지 물으면, 우선 지금까지 감각의 의존이었던 손가락으로 도형을 더듬어 각의 수를 헤아린 후 비로소 삼각형이라고 대답하였다고 한다.

이렇게 하여 삼각형의 시지각이 비로소 그의 우뇌에 도형으로 저장되면 다음 단계에는 머리를 크게 움직여 눈으로 삼각형의 도형을 따르고 나서 정답을 말한다. 훈련에 의해 이 머리의 움직임은 차차 작아지나 2개월이 지나고 나서 겨우 눈만으로 삼각형을 더듬어 인지하는 자동화의 과정이 완성되었다고 한다. 이 자동화가 완성되어 비로소 직접적-즉물적 이해의 학습이 안정되는 것이다.

그러나 NHK의 『울트라 아이』 등에 등장하는 아이카메라를 사용하면 비장애인들도 이 도형을 더듬는 시선의 조작을 하고 있다는 것을 알 수 있다. 그러나 일순간에 보는 동작이 100분의 1초라는 짧은 시간이므로 알아차리지 못할 뿐이다.

바로 태어난 유아도 처음에는 선천성 시력장애인의 개안 시 단계부터 습득하여 곧 성인의 자동화 식별의 속도에 이르는 것이다.

다음은 미지(未知)한 것의 정보처리에 대하여 생각해 보기로 하자.

미지한 것의 정보처리

우리들이 새로운 외국어를 습득하는 단계를 생각해 보면 우선 외국인끼리의 회화를 들어도,

a. 그것이 언어라는 것은 알아도 음성의 나열에 불과하며 도대체 무엇을 말하고 있는지 뜻을 알 수 없는 단계가 있다.

이것은 단어도 알아들을 수 없는 '그림'과 '배경'이 성립하지 않는 문절도 구별할 수 없는 단계이다. 다음은

b. 단어나 성구(成句)를 겨우 알아들을 수 있는 단계로 진보한다. 이렇게 되므로 비로소 '그림'과 '배경'이 성립된다. 즉 음성의 의미가 없는 나열이 아니라 문절로 맺을 수 있는 '체제화 성립'의 단계이다. 이 학습 단계를 거쳐 비로소

c. 직접적 의미 이해의 자동화가 완성된다. 즉 'I love you'라는 말을 들었을 때 '나', '사랑한다', '당신'이란 단어의 의미를 거치지 않고 즉각 얼굴이 빨개지게 됨으로써 비로소 당신은 영어회화를 마스터하였다고 말할 수 있다.

이처럼 미지한 것에 대한 정보처리는 신기한 감각자극을 단

계적으로 기지한 것의 정형적 패턴처리 과정에 받아들여 통제하는 것이다.

이 정보처리 시스템은 눈앞의 감각자극 S를 대뇌 N에 입력되어 있는 도형과 조회한 후 기지이고 무해한 것에서 시선을 뗀다는 안근(眼筋)의 운동 R이 되어, 즉 S-N-R의 회로가 완성돼 비로소 정신적 긴장이 해소되고 안정된다.

아이들이 생소한 장소에서 안절부절못하며 침착하지 못한 것은 미지한 감각자극을 어떻게 처리하여야 좋을지 모르기 때문에 불안을 일으키는 것인데 성인은 신기자극이라도 유추에 의해 기지정보로서 처리하므로 침착할 수 있다.

보디 이미지와 운동신경

그런데 대뇌의 도형은 시지각에 의해서만 형성되는 것일까?

이탈리아의 한 심리학자는 선천성 시력장애인을 광장에 그린 큰 도형 위에서 반복적으로 걷게 하며 기하학을 학습시켰다. 피타고라스(Pythagoras)의 정리에 이르렀을 때 "아! 도형이 보입니다"라고 외쳤다고 한다.

이것은 걸어보지 않고서도 도형이 지면에 그려져 있는 것 같은 이미지가 떠오르게 되었다는, 즉 이미지 기호가 선천성 시력장애인의 우뇌에 저장되었다는 것이다. 이처럼 시지각 이외의 몸의 운동 등에 의해서도 자신의 보디 이미지(신체도)가 대뇌에 저장된다.

직립 보행하는 인간은 복잡 교묘한 운동을 할 수 있도록 대뇌의 중심회로(中心回路)에 신체 각 부분의 운동중추가 넓게 분포하여(펜필드의 지도) 있으므로 우선 자신의 신체도로 앞으로

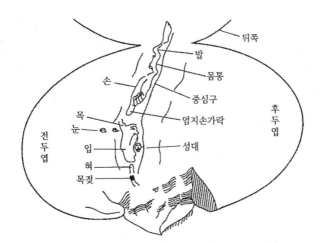

〈그림 2-3〉 대뇌의 운동중추지도(W. 펜필드)

일으킬 운동을 상상하고 디자인하고 나서 각 운동중추에 지령
을 내는 것이다.

  처음으로 대전한 투수에게 연속 4홈런을 친 선수는 상대 투
수의 비디오를 보고 이미지 트레이닝을 하였다 한다. 스포츠
의학이나 스포츠 심리학이 발달한 미국에서는 여러 가지 스포
츠에서 이 이미지 트레이닝을 도입하고 있다.

  스포츠를 잘하는 운동신경이 좋은 사람이란 결국 자신이 그
린 보디 이미지대로 근육을 움직일 수 있는 사람이다.

  자신의 성대를 자유롭게 조절할 수 있는 가수가 머리에서 그
린 이미지에 가까운 아름다운 골프 스윙을 할 수 있는 것도 당
연한 것이다.

  음치인 필자는 보디 이미지와 실제의 운동이 괴리되어 있으
므로 골프공만 그대로 잔디 위에 남는 결과가 될 것이다.

또한 교통사고 등으로 한쪽 발을 절단한 환자가 절단한 발의 통증을 호소하는 '절단환지통'이란 현상이 있다. 이 현상은 대뇌에 남아 있는 절단지의 신체도가 전기적으로 흥분하여 없는 다리가 있는 것같이 투영되기 때문이며 이것도 신체도의 존재를 실제로 증명하는 유력한 증상이다.

시지각의 능동적, 주체적 요인

좀 더 상세하게 시지각에 대해서 분석해 보자.

〈그림 2-4〉는 유명한 루빈(Rubin)의 '컵-옆얼굴 도형'인데 당신에게는 무엇으로 보일까?

흰 부분을 '그림'으로 보면 우승컵같이 보이고, 검은 부분은 '배경'으로서 가라앉으나, 중앙의 미묘하게 굽은 검은 부분이 '그림'이 되면, 의미 있는 듯이 서로 마주한 두 사람의 옆얼굴로 보이고 컵으로 보였던 하얀 부분은 즉시 의미가 없는 '배경'으로서 주목받지 못한다.

이처럼 우리들은 '그림'으로서 떠오른 것에 대해서만 지각이 가능하며, '배경'으로 가라앉은 부분에 대해서는 '맹목'의 상태가 된다. '그림'과 '배경'을 구별하는 '체제화'가 이루어지므로 비로소 인지가 성립하나 어느 것을 인지의 주체, 그림으로 선택하는가는 그 사람의 주의가 흑, 백 어느 쪽으로 향해 있는가에 따른다.

이처럼 지각은 페히너의 감각 측정 시대에 생각하고 있었던 것 같은 수동적인 것이 아니고 능동적, 선택적인 것이며 당연,

〈그림 2-4〉 컵-옆얼굴 도형(루빈, 1921)

주의, 욕구 등의 주체적 요인에 의해 좌우되는 것이다.

즉 목이 말라 무엇인가 마시려는 욕구가 굳어져 있는 사람은 주의가 컵 모양을 한 흰 부분에 집중하여 '그림'이 되고, 이성에 대한 관심이 많은 사람은 지금부터 키스라도 하려는 것같이 보이는 검은 부분에 주의가 집중하여 '그림'이 되어 마주하고 있는 옆얼굴이 떠오르게 되는 것이다. 게슈탈트 심리의 소장파였던 K. 레빈은 이 욕구의 연구를 탐구하여 다음 장에서 다룰 욕구심리학을 개척하였다.

보는 방법에 따라서는 며느리로, 시어머니로도 보이는 스카프를 쓴 여성상의 '애매한 도형(그림 2-5)'도 루빈과 같은 '다의도형(多義圖形)'이며 크이즈의 '숨은 그림'도 같은 원리이다.

또한 최근에는 컴퓨터의 발달에 의해 계기류의 감시업무가 늘어났는데 주의력 저하에 의한 사고를 막기 위해 '그림'이 되고 '배경'이 되기 어려운 계기의 디자인에 응용되고 있다.

〈그림 2-5〉애매한 도형. 왼쪽은 '며느리와 시어머니', 오른쪽은 '남과 여'라
고 제목이 붙은 그림

지각의 게슈탈트 요인

그러나 우리들의 일반적인 시지각은 매우 견고하며 안정된
구조를 갖고 있다.

가령 시바 료타로(司馬遼太郞)의 『북두의 사람』이라는 제목으
로 되어 있는 큰곰자리의 북두칠성은 그리스 신화에서도, 중국
의 민화에서도 천상에서 드리워진 국자로 다루어지고 있다. 북
반구의 사람이라면 누가 보아도 〈그림 2-6〉의 A처럼 국자로
보이고 B와 같은 복잡한 도형으로는 결코 보이지 않을 것이다.

이처럼 시지각에서 고유한 질서-법칙을 밝혀낸 것이 게슈탈
트 심리학의 창시자 베르트하이머인데 도형으로서 구도를 갖기
쉬운 요인, 즉 도형으로서의 요약성을 추진하는 조건을 '게슈탈
트 요인(프레그난츠의 법칙)'이라고 부른다. 베르트하이머는 ①
근접의 요인, ② 유사의 요인, ③ 폐쇄의 요인, ④ 좋은 연속의
요인, ⑤ 좋은 모양의 요인, ⑥ 공통 운명의 요인 등을 지적하

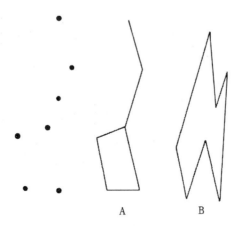

〈그림 2-6〉 북두칠성은 어떻게 볼 것인가?

고 있다.

큰곰자리의 근접하는(①), 광도가 같은 7개의 2등성군(②)이, 누가 보아도 천상에서 드리워진(⑥), 큰 국자(③)로 보이는 것도, 7개의 별을 잇는 연속이 매끄럽고(④), 좋은 모양을 이루어(⑤), 게슈탈트 요인을 모두 만족시키고 또한 중력의 법칙에도 모순되지 않으므로 심리적으로 안정하게 보이기 때문일 것이다. 만일 자루가 밑에 있고 바가지가 위로 배치되어 있다면 모든 사람에게 북두로는 보이지 않았을지도 모른다.

이처럼 우리들은 눈에 비치는 물체를 한때 분트가 생각한 것처럼 선이나 원의 요소로 분해하여 인지하고 있는 것이 아니라, 그중 몇 개를 도형으로 요약하여 인지하고 있는 것이다. 큰 원 속에 2개의 타원을 배치하고 밑에 삼각형을 놓으면 누가 보아도 사람의 얼굴로 인지되며, 이것을 원, 타원, 삼각형의 요소로 분해하여 인지하는 것은 어렵다(그림 2-7).

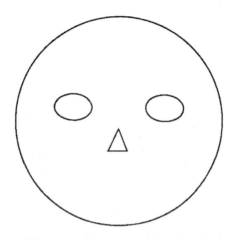

〈그림 2-7〉 큰 원 속에 2개의 타원과 삼각형을 놓으면 누가 보아도 사람 얼굴처럼 보인다

즉 각 요소를 이렇게 배치했을 경우 그것은 이미 사람의 얼굴이라는 하나의 구조(게슈탈트)를 갖는 상징도형으로서 인지되는 것이다. 이것이 게슈탈트학파가 말하는 게슈탈트의 원의(原義)이다.

이 학설은 발달심리에서 유아의 '3개월의 미소 반응'으로 실증되었다.

유아는 3개월 정도 되면 젖을 주는 어머니의 얼굴에 천사의 미소를 던진다. 그러나 유아는 어머니의 얼굴을 식별하여 웃는 것이 아니라 접근해 오는 눈과 코를 갖는 도형에 반응하고 있는 것이다. 발달심리학자인 스피츠는 최종적으로 〈그림 2-8〉과 같은 그림을 그린 종이를 유아의 눈앞에 접근시켜, 이 미소 반응이 나타나는 것을 증명하였다. 3개월의 유아는 어머니의 눈과 코만을 중점적으로 인지하고 자신을 돌봐주는 사람의 상징

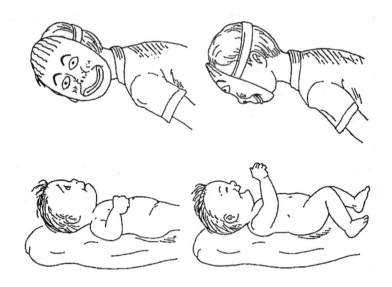

〈그림 2-8〉 3개월의 미소 반응(스피츠의 초기 실험). 아기는 옆으로 향한 가
　　　　　면에 아리송한 얼굴을 하지만 정면을 향하면 무서운 가면이라도
　　　　　웃는다

으로 이해하고 있는 것이다.

　그 증거로 어머니가 옆을 향하면 도형이 변하므로 유아는 당
혹스러운 표정을 짓는다. 유아가 개체로서의 어머니를 확실하
게 인지하는 것은 '낯가림'이 시작되는 8개월이 지난 다음부터
이다.

　스피츠의 할아버지는 비엔나에서 프로이트가 빌린 진료소의
소유주이며 스피츠는 그 진료소의 바로 윗방에서 태어났다. 부
다페스트대학 의학부에서 프로이트의 수제자 페렌츠에게 사사
한 스피츠는 집에 세 들어 있는 프로이트의 교육 분석을 받고
소아과 의사가 된 다음부터 프로이트의 대상관계이론을 발달심

리학, 신경생리학, 동물행동학 등의 관련 과학에 의해 뒷받침하였다.

게슈탈트 심리학의 기본적 사고

여기서 좀 더 상세하게 게슈탈트 심리학의 개념에 대하여 설명하기로 하자.

여기까지 '요소관'의 부정이란 관점에서 게슈탈트 심리학을 명확하게 설명해 왔다. 그러나 오야마 교수의 해설에 의하면 "게슈탈트라는 말은 함축이 깊은 것으로 하나의 전체로서의 요약, 그리고 그 속의 몇 가지 부분으로 분절하여 기능적으로 하나의 단위를 이루고 다른 게슈탈트와 구별되는 각각의 개성을 갖는 것이다"라고 한다.

게슈탈트 심리학의 또 다른 지도개념인 '장' 이론이든 쾰러의 '심리-물리 동형설'이든 초보자에게는 어려우므로 예를 들어 알기 쉽게 설명하기로 하자.

『엘리제를 위하여』라는 그리운 멜로디를 들려주는 음악상자를 상기하기 바란다. 비교적 단순한 음의 높이와 길이의 조합인 멜로디는 시작하는 음의 절대적인 높이를 어떻게 바꾸어도 동일한 멜로디로 들리므로 이 조합은 하나의 구조, 즉 '심리적 게슈탈트'를 형성하고 있다.

이 멜로디 상자 속을 열면 용수철이 서서히 회전하는 드럼 위에 배열된 손톱에 의해 음이 시공간적 구조로 바뀐 '물리적 게슈탈트'로서 대응하고 있다. 이처럼 심리현상에 게슈탈트성이 있는 것은 그것을 지지하고 있는 생리적 과정에 게슈탈트성이 있기 때문이라고 생각하는 게 쾰러의 '심리-물리 동형설'이다.

우리들 대뇌의 생리적 과정은 음악상자같이 용수철로 되어 있는 것이 아니라 청각령 신경세포의 전기적 흥분의 총화이다. 물리학에도 조예가 있었던 쾰러는 그 설명에 전기장에서의 '장 이론'을 차용하였다.

우리들의 대뇌는 청각령의 어느 측두엽, 시각령의 후두엽, 또는 두정엽, 전두엽 등에서 하나의 큰 전기장을 형성하고 있다. 그러나 멜로디에 관해서는 측두엽의 각각의 음에 대응하는 뇌 신경 세포에 차례차례로 전기적 흥분이 생겨 편재한 전기장이 만들어진다. 그리고 상호에 간섭이나 증강을 일으켜 하나의 요약된 활동 전위가 생긴다. 이 활동 전위의 총화가 '물리적 게슈탈트'이며 동시에 멜로디란 '심리적 게슈탈트'로서 인식된다는 사고이다.

이 '장 이론'은 지각의 영역에서 기억이나 사고로 확대되고, 또한 젊은 레빈에 의해 욕구에서 인간의 행동 전체나 집단 심리로까지 적용되었다.

착각도형의 불가사의

그러나 감각의 왕자, 시지각에도 애매한 데가 있어 심술궂게 여분으로 그어진 기하학적 선에 의해 쉽게 착각이 생긴다.

〈그림 2-9〉는 게슈탈트 심리학자에 의해 고안된 여러 가지 기하학적 착시 도형이다.

어떻게 이러한 착시가 생기는가를 통일해서 설명하는 원리는 그 도형을 생각한 게슈탈트 심리학자들도 찾아내지 못했으나 구조가 되기 쉬운 불필요한 선이 정상의 지각을 혼돈시키고 있을 것이다.

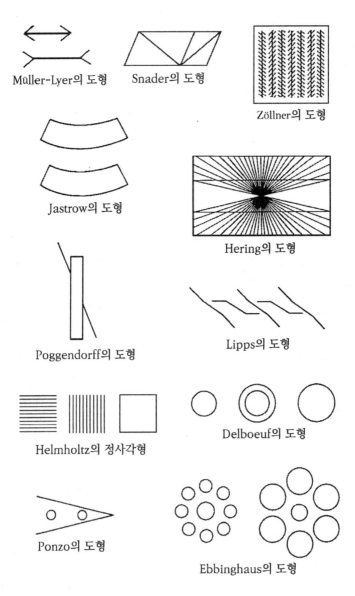

Müller-Lyer의 도형   Snader의 도형

Zöllner의 도형

Jastrow의 도형

Hering의 도형

Poggendorff의 도형

Lipps의 도형

Helmholtz의 정사각형

Delboeuf의 도형

Ponzo의 도형

Ebbinghaus의 도형

〈그림 2-9〉 대표적인 기하학적 착시(오야마, 1970)

영화에서 람보가 애용하고 있는 위장복도 게슈탈트 심리의 응용으로서 1차 세계대전 후에 고안된 것이다.

답하기 어려운 질문을 받아 우물쭈물 속이는 것을 '카무플라주한다'고 하여 일본에서는 1925년대 유행어가 되었으나 1차 세계대전 중에 신병기로서 등장한 비행기의 표적이 되기 어렵게 기하학적인 문양을 그리는 카무플라주의 기술이 독일, 프랑스 국경의 마지노선이나 지그폴리트선의 요새에 활발하게 응용되었다.

이러한 것들은 얼룩말같이 복잡하며 주의를 끄는 화려한 무늬에 의해 중요한 요새가 배경으로 가라앉아 '그림'이 되기 어려워지는 효과를 노린 것이다.

벌레 같은 것이 나뭇가지와 같은 색이나 자세로 새의 주의를 벗어나고 있는 자연의 위장도 '그림'이 되기 어려운 점에서 같은 효과가 있다.

지각의 항상성과 사고의 밀접한 관계

이처럼 지각에는 애매한 데가 있어 결코 망막에 비친 대로 지각하고 있는 것이 아니다.

가령 망막에 비치는 멀어져 가는 사람의 영상은 거리가 2배로 멀어지면 당연히 절반의 크기가 되는데 우리들은 그렇게 작아졌다고 느끼지 않는다. 이것은 우리들의 눈이 단순히 시각 법칙에 따르는 카메라와는 달리 대상을 동일한 인물로서 지각하기 위해 대뇌에서 수정을 하고 있기 때문이다.

영화관에서 경사지게 옆에서 스크린을 보면 망막에 비치는 상은 왜곡되어 보이는데 실제로는 정면에서 볼 때와 별로 다르지 않게 보이는 것도 모양의 항상성(恒常性)을 나타내는 좋은 예일 것이다.

밝은 데서 보면 한여름의 태양빛에 쪼인 석탄은 어두운 실내에 놓아둔 흰 종이보다 몇 배의 조명도를 갖고 있는데도 석탄은 검고 백지는 희게 지각된다. 이것을 명도의 항상성이라 하는데, 이러한 항상성은 착시의 일종이지만, 그 이유는 충분히 설명되지 않았다.

그러나 '종이는 하얗다'는 보통의 인지 세계에 대응하는 것같이 우리들은 감각정보를 조정하여 인지하고 있기 때문일 것이다.

이처럼 인지에는 순수한 감각수용 이외에 인식이라는 사고 과정이 아무래도 더해진다.

그러면 순수한 감각의 세계를 보기로 하자.

감각심리학

우리들은 시각, 청각, 촉각, 미각, 후각 5종류의 감각기계를 갖고 있으나 지면 관계도 있으므로 여기서는 가장 고차원의 감각인 시각과 가장 저차원이며 미분화한 감각인 후각을 통해 감각의 세계를 보기로 하자.

가장 고차원의 감각—시각

빛은 음파에 비하면 그 전달 속도도 빠르고 여러 단계를 통해 많은 정보를 사실적으로 전달해 준다. 따라서 시각이 발달한 동물이 지구상에 번영하고 그 정점에 있는 인간이 일상생활

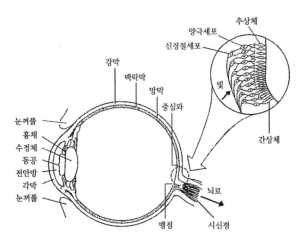

〈그림 2-10〉 안구의 구조

에서 이용하고 있는 정보의 90%가 시각계이다.

안구는 빛을 수용하는 감각기관이며 〈그림 2-10〉에 나타냈듯이 눈의 구조를 모방한 것이 카메라이다. 카메라의 필름에 해당하는 것이 망막이며 망막에 비친 영상은 시신경에 의해 대뇌의 시각중추에 전송된다.

망막의 중심부에는 색을 식별하는 '추상체'가 있고 주변부에는 명암에만 반응하는 '간상체'라는 2종류의 센서가 있다.

우리의 눈은 한여름 직사광선의 10만 럭스에서 달이 없는 어두운 밤의 0.0003럭스까지 대응한다. 초광범위한 허용도라도 도저히 1대의 카메라와 필름으로는 추종할 수 없다.

밝은 세계에서 작용하는 것이 뇌세포와 같은 모양을 한 추상체이며 여기서 색을 식별한다.

흑백의 슬라이드를 컬러로 바꾸면 한 번에 많은 그래프를 뚜렷하게 구별하여 전달할 수 있고, 색을 섬세하게 식별할 수 있는 인간은 흑백의 세계에 사는 동물에 비하여 생존경쟁에서 각별히 유리하다.

'눈은 마음의 창'이라고 하는데 색을 잘 식별하여 유리한 적응행동을 취하기 위해서 뇌의 일부가 눈의 망막까지 출장하여 있는 것이다.

한때 스트레스에 의한 자해를 막기 위해서 동물원의 사자에게 컬러 TV를 보여주는 시도가 보고되었으나 추상체가 발달하지 않은 사자가 과연 컬러 TV의 화면을 보았는지는 의심스럽고 아마 텔레비전의 음성을 즐겼을 것이다.

그러나 정글의 어두운 밤에는 간상체 중심의 동물이 단연 유리하다.

고양이 눈에 손전등을 비추면 2개의 눈이 어둠 속에서 번쩍번쩍 빛나며 떠오르는데 이것은 망막의 간상체가 약한 손전등의 빛에 반응하여 빛나기 때문이다. 이 간상체의 생리에 대해서는 생화학 수준에서 규명되어 있다.

간상체에는 '시홍'이라는 물질이 있어 빛을 받으면 루미로돕신에서 메타로돕신이 되고 최종적으로는 레티넨으로 변화한다.

이것은 흑백 시대의 사진 원판에 바른 아이오딘화은의 입자가 감광에 의해 흑화하고 그 감광의 농담에 의해 사진 상이 생기는 것과 똑같은 원리이다.

그러나 필름은 한 번 감광하면 두 번 사용할 수 없으나 인간 눈의 레티넨은 30분이 지나면 다시 시홍에서 재생하게 된다.

이 재생을 돕는 것이 비타민A이며, 이 비타민A가 결핍되면 '야맹증'이 생기는 것이다.

색에 감응하는 추상체의 생화학에 대해서는 복잡한 만큼 아

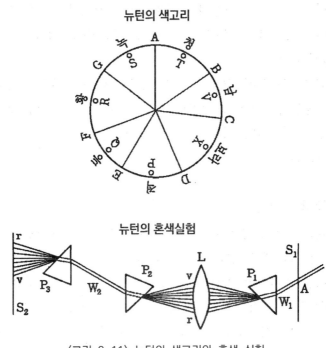

〈그림 2-11〉 뉴턴의 색고리와 혼색 실험

직 상세한 것은 알려져 있지 않다.

뉴턴의 광학적 색채론

색채의 심리학에 대해서는 뉴턴과 괴테(Goethe)라는 두 천재가 관련된다.

빛은 파장이 짧은 X선과 파장이 긴 전파의 중간에 위치하는 전자기파의 일종이며, 400밀리미크론이란 가장 파장이 짧은 보라색에서 가장 파장이 긴 700밀리미크론의 적색까지 분포하고 있다.

뉴턴은 프리즘을 사용하여 태양광을 무지개의 7원색으로 '분광'하고, 이 7색을 모으면 백색광으로 환원하는 '혼색'의 법칙을 발견하였다.

뉴턴은 나아가서 정밀한 혼색 실험을 하여 지금도 사용하고 있는 '뉴턴의 색고리'를 작성하였다. 천재 물리학자였던 뉴턴은 광학을 체계화하여 색채감각을 생기게 하기 위한 물리학적 조건을 해명한 것이다.

괴테의 색채론

괴테는 뉴턴에 반발하여 모든 빛은 백과 흑의 대립으로 표현할 수 있다는 『색채론』을 저술하였다.

괴테는 거기에서 황과 청을 플러스와 마이너스의 성질을 갖는 대립하는 색이라고 생각하였다. 황색은 밝고, 강하고, 뜨겁고 또한 가깝게 보이는 정의 성질이며, 청은 어둡고, 약하고, 차갑고 멀리 보이는 음의 성질을 갖는다고 주장하였다.

황색과 청색의 선을 배열하면 황색은 가깝게 떠오르나 청은 가라앉고 멀리 보인다는 착각 실험이 있다. 괴테는 처음으로 색과 감정의 관계에 주목하여 현대 색채심리학으로의 앞길을 연 대문학자이다.

색채심리학과 패션

이처럼 색채가 갖는 심리적 효과는 예부터 알려져 있었으나 현대의 패션산업에서도 경기가 좋은 때는 밝은색, 불경기일 때는 어두운색이 유행하는 등 그해의 유행색을 결정하는 데 색채심리학이 한몫하고 있다.

적색이라 할 때 우리들이 연상하는 것은 선혈의 색, 스페인의 투우장, 카르멘이 호세에게 던진 동백꽃 등이다. 적색은 흥분을 대표하는 색이다.

반대로 녹색이라면 산림욕으로 알려져 있듯이 침착한 색의 대표이며 의학에서는 일찍부터 적극적으로 응용되고 있다.

필자가 신참 정신과 의사였을 때 아르바이트로 일하던 정신 병원에서는 흥분 환자를 수용하는 보호실이 녹색으로만 칠해져 있으므로 '그린'이라 불렀다.

그 병원의 간호사가 "아마 이 병원에 입원한 일이 있는 환자분이 쓴 책인 것 같아요"라며 한 권의 책을 갖고 왔다. 아마 망상형의 젊은 여성이 쓴 사소설인 듯하였는데, 집안 분쟁으로 정신병자로 취급당해 정신병원에 감금되었으나 사랑하는 약혼자가 구출하여 행복하게 결혼에 이른다는 내용인데, 처음에 '그린'에 들어갔다고 되어 있기에 그 병원인 줄 알았던 것이다. 보호실을 '그린'이라고 부르고 있는 병원은 그 병원밖에 없다.

또한 그레고리 펙과 잉그리드 버그만이 주연한 히치콕의 〈백색의 공포〉라는 서스펜스 영화에서 펙이 흰 수술복을 보면 이상하게 흥분하는 환자를 호연하고 있었으나, 수술용 흰 천에 스며드는 피의 색이 너무나 생생하므로 현재는 수술실의 흰 천이나 흰 가운은 모두 녹색으로 되어 있다.

또한 수술 후의 집중관리실이나 CCU 등도 병자의 신경을 안정시키는 녹색으로만 되어 있으므로 오히려 보조색인 새빨간 큰 장미가 갑자기 피었다는 등 '감각 차단성 환각'을 일으킬 환자가 나타날 정도로 지나치게 안정되어 있다.

난색 계통의 적, 한색 계통의 보라라는 분류는 패션계의 초보적 상식이나 이 분류는 뉴턴의 광학법칙과 바로 일치하고 있다.

왜냐하면 한색 계통의 대표인 보라색보다 파장이 짧은 자외선은 살인광선이므로 차가운 빛으로 느껴질 것이며 적색보다 파장이 긴 적외선이란 다름 아닌 열선이므로 빙하 시대부터 추위에 괴로워했던 인류로서는 불꽃색에 본능적인 따뜻함을 느꼈을 것이다.

따라서 한여름의 파티에 와인색의 턱시도 등을 입는 것은 그것이 여름 저녁에도 한기를 느낄 정도인 레만호 주변의 고급 호텔이 아닌 바에야 삼가는 것이 좋을 듯싶다.

일본에서도 알아주는 멋쟁이였던 노부나가(信長)가 여름에는 검은색의 사제 모자를 시원하게 쓰고 히데요시를 알현하는 장면이 시바 료타로의 『신시다이고기(新史太閤記)』에 묘사되어 있다. 색채심리학의 법칙에 역행하지 않는 것을 멋쟁이들이 알아 두어야 할 것이다.

이 이상의 상세한 것에 대해서는 당신이 패션계나 디자인 사무소에 입사하였을 때 색채심리학 전문서를 읽기 바란다.

다음은 가장 미분화되고 저차원의 감각인 후각에 대하여 생각해 보자.

후각심리학

당신은 시각형 인간인가? 후각형 인간인가?

감각에는 원래 고차원과 저차원의 구별이 없을지도 모르나 "자네는 시각형 인간이군" 하면 어쩐지 지적인 사람이란 말을 들은 것 같은 기분이 생기나 "저 녀석은 후각이 발달해 있다" 라는 표현은 이상하게도 음식 냄새를 맡고 뛰어와 얌체같이 자리에 끼려고 하는 동물적 감각이 발달한 사람에 대한 이미지가 있다.

후각형 동물의 대표 격인 개에 비하여 시각형 동물로 분류되는 고양이는 몸길이에 비해 뇌가 크므로 신경생리 실험에 잘 쓰인다. 그러나 시각형의 고양이라도 우리들 인간과는 비교할 수 없을 정도로 후각 정보를 이용하고 있다.

아침 일찍 밖으로 나가고 싶어 주인을 깨우러 오는 고양이를 마당에 내놓으면 우선 활발하게 그 근처의 땅을 파고 있다. 그 모양을 보면 "여기에 비둘기가 온 냄새가 나는데, 이번에는 꼭 잡아야지. 여기에서는 짚신벌레 냄새가 난다. 퉤퉤, 그렇게 맛없는 것은 없었지. 앗, 이 벽까지 겁도 없이 옆집 고양이가 왔구나. 이번에는 혼을 좀 내주어야지" 하며 자기 영역을 나타내기 위한 표시로 땅을 파고 오줌을 누는 것이다.

장어집의 장어 굽는 냄새를 반찬으로 도시락을 먹는다는 만담이 있는데 후각은 미각과 약간의 연관성이 있다. 후각은 이 만담에서도 알 수 있듯이 식욕이나 성욕이란 자기 보존, 종족 보존의 본능과 깊이 관계되는 원시감각이다.

후각의 감각로

후각의 센서는 〈그림 2-12〉에 나타나듯이 비점막에 분포한 후모와 후세포이며 후모에 포착된 냄새의 화학물질 자극은 코 사골상부의 제1차 후각 중추인 후구에 모여 증폭된다.

개와 같이 후각이 발달한 토끼는 코 한쪽에만 500만 개의

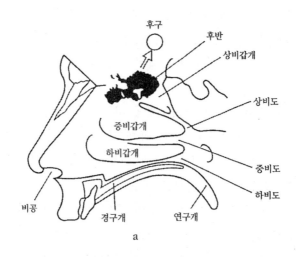

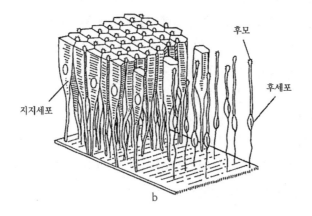

〈그림 2-12〉 후각수용기(a. 코의 구조, b. 후각상피의 단면)

후구가 있는 극도로 후기능(嗅機能)이 예민한 동물이다.

토끼는 이 후구를 1,900이나 되는 시냅스를 형성하는 제1차 후각 중추로 하여 상당한 후각 정보 처리를 하고 있는 듯하다.

이 제1차 후각 중추에서 증폭된 자극은 대뇌 측두엽의 이상

엽(梨狀葉)에 보내지고, 다음에 무드의 중추인 측두엽의 **편도핵**에 전송되고, 다시 전두엽에까지 전달되는 것 같다.

'되는 것 같다'라고 쓴 것은 원숭이의 전두엽에는 분명히 냄새에 반응하는 세포군이 있다는 것이 증명되었으나, 인간의 뇌에서는 그 존재가 아직 규명되어 있지 않았기 때문이다.

이처럼 미분화한 원시감각인 후각에 대해서는 아직 해명되지 않은 것이 많다.

헤이안(平安) 시대의 궁중에서 일하는 귀인들은 우아한 냄새 맞추기 게임을 즐기는 등 냄새에 대한 감정이 풍부하였는데 현대인의 후각은 퇴화하기만 한다.

그러나 너무나 후각이 둔감하면 부패한 냄새를 맡지 못해 식중독을 일으키며, 또한 가스 누출을 모르고 중독사하는 일도 있게 된다.

이처럼 후각은 원래 개체 보존에 중요한 기본 감각이다.

또 누에의 암나방은 페로몬이란 화학물질을 공중에 방출하여 수나방을 유인하는데 이 페로몬의 강력성에 대해서는 다음과 같은 실험이 있다.

번식기의 암나방이 있는 실험실에서 상자에 넣은 수나방을 점점 먼 곳에서 방출하여 도달하는 실험을 하였는데 1km마다 기차 창문에서 한 마리씩 방출한 수나방은 무려 11km나 떨어진 곳에서부터 도달하였다고 한다.

마릴린 먼로가 목걸이 대신에 사용한 샤넬 5번도 실은 이 성본능에 관계한 냄새의 효용이다.

냄새의 본체

시너는 달콤한 냄새가 나는데 이것은 시너가 벤젠핵을 갖는 방향족에 속하기 때문이다. 강렬한 대변의 지독한 냄새의 원천은 인돌핵인데 이것도 약하게 희석하면 향수로 사용된다. 농후한 사향의 냄새도 자칫하면 불쾌감을 일으키는데 좋은 향기라도 진해지면 불쾌한 냄새로 변한다.

각자가 나름대로의 향수를 뿌리고 모이는 사은회나 동창회에서 두통이나 기분이 나빠지는 사람이 나타나는 것도 같은 이유에서이다.

이처럼 냄새란 벤젠핵과 같은 휘발성의 화학물질이 공기 속에 퍼져 비점막에 도달해서 후구를 자극하는 것으로 성립되는 것이다.

〈그림 2-13〉은 각종 냄새의 원천이 되는 화학물질의 구조식이다.

이처럼 냄새 원천의 연구가 발달하여 커피의 향기로운 냄새의 원천물질도 합성할 수 있게 되었다.

끓고 있는 블루마운틴을 순간적으로 냉동, 건조시켰다고 하는 인스턴트커피의 CM을 믿어도 되는 것일까?

물자가 부족한 전시에는 일류 커피점에서도 콩으로 대용했다는데 잘 만들면 커피 광이라도 구분하지 못한다는 것을 NHK의 『드라이 앤드 드라이』에서 실증하였다.

여기에 커피향을 첨가하고부터 슈퍼에서는 인스턴트커피의 바겐세일도 가능해지는 것이다.

또한 미국 텔레비전에서는 개가 손님에게 달라붙는 장면이 자주 나오는데 이럴 때는 손님의 옷에 개가 좋아하는 향수를

1. 약 냄새
    예 : 아니스알데히드

$CH_3O-\!\!\langle\bigcirc\rangle\!\!-CHO$

2. 꽃 냄새
    예 : 베라토롤

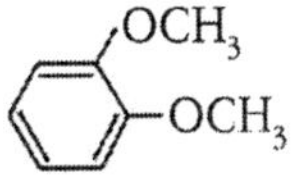

OCH_3
$-OCH_3$

3. 과실향
    예 : 티토랄

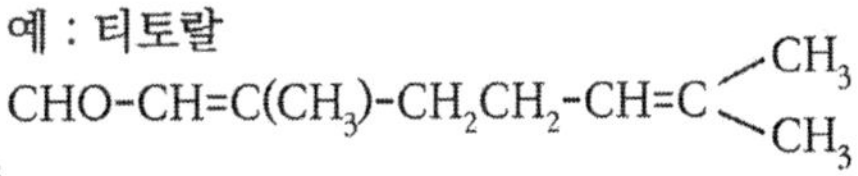

$CHO-CH=C(CH_3)-CH_2CH_2-CH=C\!\!<^{CH_3}_{CH_3}$

4. 나무향
    예 : 피넨

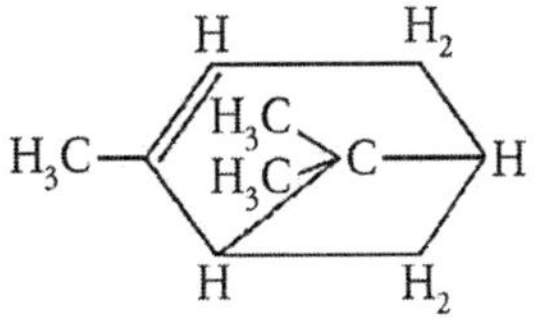

H   H$_2$

H_3C- ... $\dfrac{H_3C}{H_3C}\!\!>\!\!C-H$

H   H$_2$

5. 탄 냄새
    예 : 피리딘

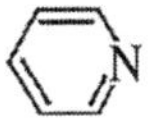

$\langle\bigcirc\rangle$N

6. 부패 냄새
    예 : 황화수소   멜카프탄

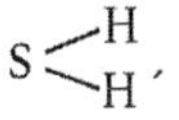

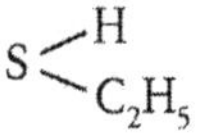

$S\!\!<^H_H$ $S\!\!<^H_{C_2H_5}$

중간 냄새
    예 : 파니린

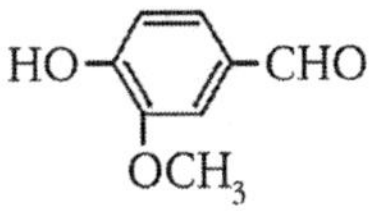

$HO-\!\!\langle\bigcirc\rangle\!\!-CHO$
OCH_3

〈그림 2-13〉 냄새의 원천이 되는 화학물질의 구조(헤닝)

뿌리는 것이 요령이라고 한다.

농약에 의한 환경오염이 전 세계적인 문제가 되고 있는데 수 컷을 유인하는 강력한 페로몬에 의해 해충의 번식을 불가능하 게 하는 무공해 농약으로서 페로몬의 이용이 주목받고 있다.

냄새에 대한 감수성

조금씩 화학물질을 방출해 가면 후각의 습관성이 생기므로 가스 누출을 알아차리지 못해 중독사고가 생긴다.

이 냄새에 대한 감수성을 향수의 조향사에게 실시해 보면 개 인차도 크지만 일반적으로 다음과 같이 말할 수 있을 것 같다.

남성보다 여성이 뛰어나고, 특히 20세에서 30세 정도까지가 최고이며 50세를 넘으면 안 된다. 여성은 성호르몬의 지배를 강하게 받으므로 생리 중에는 감수성이 예민하다. 입덧이 있을 때는 냄새에 민감해져 구토를 하는 것처럼 임신 중에는 분명하 게 상승한다.

당연히 그날의 몸 상태가 영향을 미치므로 조향사에게는 술 과 담배는 금기이다. 만복 시는 둔감하고 공복 시에 민감해지 는 것은 본능과 관계가 있으므로 당연한 것이다.

혼노지(本能寺) 변의 한 원인이 되었던 아케지 미쓰히데(明智光 秀)의 돌연한 향응 담당 파면의 발단은 수렵에서 돌아와 들러 본 부엌에서 생선 냄새가 공복으로 과민해진 노부나가의 신경 을 자극했기 때문이었을 것이다.

만일 노부나가가 식후에 니조오(二条)성에 들렀다면 혼노지의 변은 생기지 않았을지도 모른다.

이처럼 우리들의 후각은 여러 가지 생리적인 상태에 따라 미묘하게 변화하는 것이다.

냄새와 정신활동

최근 일본에서는 약초가 한창 이용되고 있는데 좋은 냄새는 기분을 상쾌하게 하고 또한 신경을 진정시키는 작용이 있다.

반대로 불쾌한 악취는 두통을 일으키고 신경을 안절부절못하게 한다. 친구에게 "네가 요즘 싫어졌다" 하는 것이 이런 심정을 말하는 것이다.

자기보다 큰 새끼 토끼에게 덤벼들어 물어 죽이는 '킬러생쥐'에게 암쥐의 오줌 냄새를 맡게 하면 갑자기 이 공격성이 억제된다는 실험이 있다. 이 실험자는 디올의 향수도 억제 효과는 같았다고 보고하고 있으나 사실 여부는 어떤지?

특히 원양어업의 다랑어배 등에서는 항해가 끝날 무렵이 되면 살기가 생겨 사소한 일로도 싸움을 하지만, 가령 여성의 냄새가 스며든 속옷 등을 놓아두면 얌전해졌다고 한다.

미국의 여죄수들의 형무소에서 이상하게도 정해진 요일에 싸움이 생겨 조사해 보았더니 그날은 많은 남학생이 담 밖을 지나가는 날로 그 냄새의 작용에 의한 것임을 알았다. 생쥐의 후각 중추를 파괴하면 육아가 서툴러진다는 동물 실험도 있다.

생각해 보면 '민족 대이동'이라 할 정도로 추석이나 설날에 고향으로 가는 사람이 많은 것도 이른바 '집 맛'에 끌리는 것이지만, 연어의 귀소본능도 후각의 기억에 의한 것이다.

연어는 고향의 강물이 흘러들어오고 있는 만 속을 회유하고 있는 동안 한때 기억하고 있던 고향의 강 냄새에 민감하게 반응하도록 몸의 기능이 변한다. 연어의 뇌파를 측정해 보면 고향의 강 냄새를 맡으면 특이한 반응이 일어난다. 이것은 후각의 기억이 되살아나서 증폭 반응하기 때문이지만, 이것에 대응하여 코도 커지는 등 형태의 변화도 생긴다.

이 변화가 아직 생기지 않은 북해의 연어는 귀중하게 다루어지는데 이것은 체력을 소모하지 않은 기름기가 오른 고기이기 때문이다. 즉 유아기에 새겨둔 옛 고향의 냄새나 맛이 귀소본능을 건드리는 것은 연어나 인간이나 차이가 없는 것이다.

3장 행동의 과학 ①
—동기심리학과 동물심리학

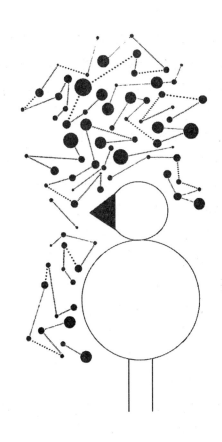

동기심리학

인간이나 동물의 행동을 결정하는 것은 무엇일까?

분트의 심리학 체계에 큰 영향을 미친 데카르트(Descartes)의 물심 2원론에 의하면 명확한 의식을 갖는 인간은 자유의사에 따라 합리적으로 행동하는데 무의식의 암흑 속을 움직이는 동물은 본능에 속박된, 자유가 없는 행동을 취한다고 명료하게 구별되어 있다.

그러나 다윈(Darwin)의 '진화론' 이래 이 구별은 회의적이어서, 인간이 갖는 본능적 행동도 이것에 대한 동물의 지적 행동과 비교 연구되어 동물심리학이나 행동심리학, 학습심리학과의 관계가 밀접하게 되었다.

특히 게슈탈트 심리학의 뛰어난 학자 K. 레빈은 '의지 실험'에 의해 전통적인 지-정-의 3분설에 대해 지-정의의 2분설이 적당하다는 '동기심리학'의 체계를 수립하였다.

레빈은 사람이나 동물의 행동을 결정하는 '동기 부여(Motivation)'를 중시하였으나, 그 후 식욕과 성욕의 중추가 뇌간에 있고 또한 공포나 분노라는 정동을 일으키는 구(舊)피질계와 밀접하게 연결되어 있다는 신경생리학적 기반이 명백해졌다.

또한 동물의 본능 행동이 자세히 해석되는 데 따라 이것을 인간의 동물기에 해당하는 유아기의 심리학이나 발달심리학의 지식과 대비시키는 비교심리학의 영역이 확대되었다. 이러한 심리학 체계의 종합이 현대 심리학의 추세이지만 지면 관계로 감정은 생략하고 발달심리학, 아동심리학에 대해서 관련된 지식만을 설명하기로 하겠다.

동기 부여

사자는 공복 때밖에 먹이를 잡지 않으나 사자의 섭식 행동을 결정하는 것은 굶주림이라는 기본적 욕구가 점차로 높아져 그 충동을 억제할 수 없게 되었을 때이며 다소의 위험을 무시하고도 먹이를 공격하는 것이다.

사자의 몸을 댐에 비유하면 본능에 근거한 욕구의 물이 계속적으로 흘러들어가 댐이 넘칠 때까지 압력이 높아지면 둑을 터트린 것같이 욕구를 줄이려는 행동이 생긴다.

그 섭식 행동에 의해 굶주림이 해소되면 사자는 만족하여 그늘에서 쉬고 기분 좋게 잠든다.

즉 동물은 본능에 근거한 욕구를 충족시키기 위해서만 행동하며 먹이를 획득하여 배가 부르면 '쾌', 놓쳐서 굶주림이 해소되지 않으면 '불쾌'나 '노여움' 등의 감정을 갖는 쾌락원칙에 지배받는다.

동물의 행동은 이처럼 본능에 의해 무의식으로 발동되는 정-의에 지배되지만, 사람의 경우는 지성에 의해서 정-의에 기초한 욕구 행동이 억제되고 있다.

레빈이 제창한 동기심리학은 무의식이야말로 동기의 원천이라 한 프로이트의 정신분석이론에 커다란 영향을 받고 있으므로 정-의의 본능 부분을 정신분석 용어의 이드, 본능을 억제하는지의 부분을 슈퍼에고라고 한다면 5장의 정신분석학적 자아의 3중 구조론을 잘 이해할 수 있을 것이다.

레빈의 동기심리학은 망명지인 미국의 대량 소비사회에서 압도적으로 받아들여졌다.

기업은 다투어 소비자의 욕구를 만족시키는 제품을 만들고 대중의 구매 행동 동기 부여를 자극하는 CM이 고안되어 결국은 영화의 틈 사이에 의식적으로 짧은 자극을 집어넣으므로 본인이 의식하지 않는 행동을 만들어 내는 소비 행동 연구소장의 범죄까지도 TV 인기 프로그램인 『형사 콜롬보』에 등장하게 된다.

현재 우리들이 TV의 CM을 보고 별로 필요도 없는 제품을 결국 사게 되는 것도 원천을 따지면 레빈 교수 덕분이다.

또한 교육심리 분야에서도 학생의 학습 동기 부여를 높이려는 프로그램이 고안되고 있다.

우리들의 행동을 결정하는 욕구에도 식욕이나 성욕 같은 1차적—기본적—생리적 욕구와 금전욕이나 명예욕 같은 2차적—파생적—문화, 사회, 심리적 욕구 2종류가 있다.

1차적 욕구—생리적 욕구와 호메오스타시스

이 중에서 식욕은 프로이트가 말하는 개체 보존의 본능, 성욕은 종족 유지의 본능과 연결되어 있는 동물의 기본적인 욕구이다.

이 개체 보존의 본능은 캐넌(Cannon)의 호메오스타시스(Homeostasis)의 법칙에 지배되어 있다.

우리들 동물은 생명 탄생의 원천인 해수를 체내에 받아들여 뭍으로 올라온 생물이다. 따라서 우리들의 체액은 해수와 비슷한 조성의 소듐(나트륨)과 칼슘을 함유하고 있으며, 이 균형이 깨지려고 하면 자동적으로 조정 기능이 작동하여 언제든지 일정한 상태(호메오스타시스)를 유지하는 메커니즘이 작용한다.

상처 등으로 출혈하면 혈압이 떨어져 자연히 출혈을 막고 오줌도 나오지 않게 되어 체액을 유지하는 메커니즘이 작용하며

또한 혈중의 전해질 밸런스도 거의 pH7로 유지된다.

우리들의 행동을 지지하고 있는 에너지원은 당분이므로 언제든지 움직일 수 있도록 혈중의 당값(혈당치)은 60~90mg/dl의 수준으로 엄밀하게 유지되고 있다. 만일 혈당치가 이것보다 조금이라도 내려가면 힘이 빠져 노곤해지고 안절부절못하고 화내기 쉬워지며 심한 공복감을 느껴 섭식 행동이 생기므로 결과적으로는 혈당치를 회복하는 셈이 된다. 반대로 혈당치가 너무 높은 것이 당뇨병인데 혈중 농도가 160mg/dl 이상이면 과잉 섭취된 당이 소변과 함께 배출되므로 당뇨병 환자는 다뇨가 생긴다.

우리들의 혈당치가 일정하게 유지될 수 있는 것은 영양으로서 간장에 저장되어 있는 당분(글리코겐)이 부신의 아드레날린과 인슐린이란 호르몬의 작용에 의해 혈중으로 방출되거나 저장되기 때문이지만, 이 두 가지 호르몬을 다시 뇌하수체 호르몬이 상위 지배한다는 2중 구조에 의해 호메오스타시스가 유지되고 있는 것이다.

그러면 이 혈당치 유지에 관계가 있는 생리적 욕구 '굶주림'에 대해서 알아보자.

'굶주림'

문자 그대로 피골이 상접하게 여윈 난민 아이들의 모습이 포식 시대의 우리들에게 쇼크를 주었으나 인류가 유사 이래 경험한 '기근'의 수는 2,000건을 밑돌지 않는다고 한다.

필자도 2차 세계대전 중에 식량난을 체험한 '기아 세대'지만, 정부에서 말하는 필요 칼로리 2,000을 믿고서 암거래 쌀을 먹지 않고 굶어 죽은 판사의 신문기사를 기억하고 있다.

우리들에 비해 평균 체중이 2배에 가까운 네덜란드에서는 필요 칼로리도 3,200~4,000이 되므로 대전 중에는 꽤 많은 수의 아사자가 생겼다고 한다.

세계에서 최고의 패션모델이라고 평을 받고 있는 다이애나비는 신체미를 유지하기 위해서 1,600cal의 다이어트를 하고 있다고 전해지고 있고, 우리나라에서도 발육기인데도 미용에 마음을 써 영양이 있는 식사를 섭취하지 않는 '사춘기 거식증'이 늘고 있다.

기근 같은 만성 기아 상태에 있으면 기초대사도 평소의 1,750cal에서 1,200cal로 떨어져 우선 체중에 저장되어 있는 지방분이 용해되어 혈당으로 변환되고, 말기에 이르면 근육조직도 가늘어 지고 체력도 극도로 감소하여 '아우슈비츠' 수용소의 기록 같은 방심한 무기력, 무감동 상태에 빠진다.

그러나 일시적인 기아 상태인 '단식'에서는 처음의 공복감을 참는 동안 도리어 상쾌감이나 앙양감이 생기므로 다이어트가 버릇이 되고 체중이 30㎏ 이하가 되어 극도로 쇠약해져 사망하는 경우도 생긴다.

단식 때의 환각으로는 악마의 다채로운 유혹을 보았다는 석가모니의 '강마(降魔)' 환상이 유명하지만 산에서의 조난기를 읽으면 짚신을 맛있게 느꼈다는 미각의 변화도 생겨난다.

그러면 인간은 도대체 어느 정도의 단식에 견딜 수 있을까?

먹을 것도, 물도 없는 것을 '절대기아', 물만 있는 것을 '완전기아'라고 하는데 1986년 4월 29일에 후지 산록 무인의 산장에 길을 잃고 들어선 49세의 남성이 눈만 먹고 40일 만에 구출된 것이 일본의 완전기아 최장 기록이다. 그동안에 53㎏이었던 체중이 12㎏ 줄어, 체중의 약 1/4 정도가 감소하였다.

물조차 없는 절대기아의 예로서는 1989년에 구명보트로 대서양을 표류 중인 34세의 프랑스 남성이 57일 만에 구출되었다. 73㎏이었던 체중이 절반 이하인 35㎏까지 감소하였는데, 이 정도가 인간 생존의 한계일 것이다.

수분 보급에 관계가 있는 생리적 욕구의 '갈증'은 어떨까?

'갈증'

우리들의 수분은 주로 신장에서 소변으로 배설되나 고온 환경에서는 땀으로 피부에서 증발하고 또한 설사를 하면 직장의 수분 재흡수가 억제되어 물 같은 변으로 배설된다.

인체의 70~73%는 수분으로 되어 있고, 이 체중 수분의

0.5%를 상실하면 갈증이 생긴다.

아돌프가 군대를 이용하여 실시한 사막의 단수 실험에 의하면 3~4%의 수분상실로 정신적 능률 저하, 5~8%에서 강한 피로감을 느끼고 점차 허탈 상태에 빠진다. 이 이상은 조난 예로 추측할 수밖에 없으나 10%를 넘으면 혀가 갈라져 삼키는 것이 곤란하고, 의식도 혼탁하며 눈이 멀고 15~25%면 사망한다.

필자도 식중독으로 심한 구토와 설사를 일으켜 화장실까지 기어가는 상태를 경험했는데, 이때의 수분 상실은 8%에 가까웠을 것이다. 입원하여 점적주사를 받을 때까지 지금까지 느껴보지 못한 심한 갈증을 경험하였다. 전쟁 중, 야전병원 등에서 복부의 대출혈로 탈수 상태가 된 병사가 꿈속에서 물을 요구할 때와 같은 특수한 '갈증'이었을 것이다.

회복기에는 몸이 떨리고 식은땀이 나는 저혈당에 의한 공복감이 생겼다. 그러나 직무에 충실한 간호사는 우선 혈당치가 떨어져 있는 것을 확인하고 나서부터 당분 보급을 허가해 주지 않았는데, 그건 견딜 수 없었다.

탐험가 스벤 헤딘(Sven Hedin)이 타클라마칸 사막을 횡단하였을 때, 조수의 잘못으로 물이 떨어지고 체력이 약해진 일행 중 노인 하나가 마치 오아시스의 물을 퍼붓듯이 환성을 지르며 사막의 모래를 전신에 뒤집어썼다는 환각 상태를 기록하고 있다. 초인적인 체력을 갖춘 헤딘은 며칠 후에 물가에 이르러 10분 만에 4리터의 물을 마셨다고 한다.

당분이나 수분만이 아니고 신체에 필요한 다른 영양소나 비타민류의 결핍에 의해서도 호메오스타시스의 메커니즘이 무의식중에 발동된다는 '카페테리아 실험'이 있다.

여러 가지 영양소나 비타민류를 포함한 여러 식품을 진열해 놓고 쥐가 좋아하는 대로 먹게 하여도 쥐는 균형 있게 영양을 취하고, 또한 미리 단백질만을 제한한 쥐는 체내에 부족한 단백질을 중점적으로 먹었다고 한다.

한때 일조 부족의 북구에서는 비타민A 부족에 의한 구루병 소아가 많았는데 구루병의 소아는 그 먹기 어려운 간유(肝油)를 즐기면서 마셨다고 한다.

다음은 또 하나의 대표적인 본능인 성욕에 대해 생각해 보자.

'성욕'

성욕이 생리적 욕구가 되는 까닭은 적어도 동물에 있어서는 완전히 성호르몬에 지배되어 있기 때문이다.

교미기 수고양이의 간절한 울음소리는 성호르몬에 지배된 수컷의 슬픔을 느끼게 하나, 수고양이는 교미기에 분비되는 성호르몬이 시키는 대로 암컷을 찾아 다른 수컷과 싸우는 것이다.

그러나 성본능은 전적으로 생리적으로 지배되는 생득적인 욕구이며 학습 등의 여지는 전혀 없는 것일까?

같은 포유류라도 고등한 말은 학습의 요소도 무시할 수 없다는 실험이 있다.

무리에서 완전히 격리하여 사육한 수말은 발정한 암말을 데려와도 교미할 수 없으나, 경험이 있는 수말은 가령 거세하여 성호르몬의 영향이 없어도 제대로 교미 자세를 취한다고 한다.

말에서 교미 행동을 일으키는 신경회로는 선천적으로 말의 대뇌에 프린트되어 있는데 이 '생득성 해발기구'의 스위치를 넣는 성적인 '해발자극'이 실제로 가해지지 않으면 말의 생식기능은 작동하지 않고 성적 불능에 빠진다는 것이 동물심리학자 N. 틴버겐(Tinbergen)의 설이다.

보다 사람에 가까운 원숭이의 성본능 해발자극이 되고 있는 것은 실은 발정기 암원숭이의 새빨간 궁둥이와 그 궁둥이를 수 컷에게 향하는 프레젠테이션의 자세이다. 교토대학 영장류 연구소의 어느 젊은 조교는 돌봐주고 있는 암원숭이가 그에게 반했는지 자꾸 새빨간 궁둥이를 보여 어이없었다는 에피소드가 있다.

한편, 현대의 청년은 성 정보가 범람하고 있는 반면에 필요한 지식이 부족하므로 신혼여행에서 불능이 되는 경우가 많다고 한다.

성 문화는 빅토리아 왕조 시대의 프로이트부터 현대까지 시대의 영향을 가장 받기 쉬운 것의 하나일 것이다.

2차적 욕구―심리, 문화, 사회적 욕구

금전욕이나 명예욕이 2차적-파생적-심리적 욕구의 대표가 되어 있는데 그것은 금전욕이 그것으로 물건을 살 수 있다는 학습에 의한 후천적인 것이며, 또한 그 금전이 통용하는 사회나 문화의 영향을 받기 때문이다.

J. T. 카울즈는 동전을 넣으면 포도알이 나오는 특수한 자동판매기를 침팬지에게 주고 실험하였다. 침팬지는 보다 많은 포도알이 나오는 청색 동전만 모으고, 더욱 놀라운 것은 그 동전을 모아 두게 되었다고 한다.

동전을 항아리 안에 모아 놓고 때때로 꺼내서 히죽히죽 좋아한다면 침팬지를 수전노로 만든 셈이 되지만, 침팬지에게는 가

훈장
저축통

동전저축통

동전

저금통

치가 없었던 동전도 그것이 굶주림이란 1차적 욕구를 충족시키는 수단이란 것을 학습시킴으로써 그것은 모아둘 만한 가치를 획득할 수 있는 것이다.

명예욕이나 권력욕 등도 금전욕과 마찬가지로 설명할 수 있는 측면이 많다.

그러나 인간이 갖는 욕구의 모두가 이처럼 1차적 욕구로 환원할 수 있는 것은 아니다.

가령 초등학생이 열심히 공부하는 것은 좋은 성적을 내어 아버지, 어머니의 칭찬을 듣기 위해서이지 상으로 과자를 얻기 위해서가 아니다. 아이는 과자라는 생리적 욕구보다는 부모의 마음에 들려는 심리적 욕구에 의해 공부하는 것이다.

아리스토텔레스는 '인간은 사회적 동물'이라 하고, 수많은 편리한 본능을 설정한 맥두걸(McDougall)은 '사회, 군거 본능'의 탓으로 보았는데, 자신이 소속한 집단에서 인정받았다는 '사회적 욕구'는 다분히 2차적인 것이며, 사회문화의 영향이 강하다.

인간이 소속하는 집단은 성장함에 따라 가족에서 학교, 지역사회로 확대되는 것이며 명예욕이나 권세욕을 오직 1차적 욕구에서의 학습만으로 이해하는 것은 지나친 피상일 것이다.

최근에는 물질에 구애받지 않는 풍족한 사회가 되어 '사는 보람'이 중시되고 있다.

기분을 풀기 위한 오락, 단순한 취미 정도로 만족하지 않고, 자신은 도대체 무엇을 하기 위해 태어났는가 하는 '자기실현욕구'가 주부나 젊은 층의 절실한 문제가 되었는데 이것은 가혹한 생존의 위협에서 벗어나 있는 인간만이 갖는 사치스러운 고민일 것이다.

욕구불만—좌절(frustration)

인간의 욕망에는 한계가 없으므로 모든 욕구를 만족시키는 것은 불가능하다.

욕구가 저지되면 고조된 긴장이 해소되지 않으므로 사람은 조급해져 화내기 쉽다. 이 상태를 '좌절(Frustration)'이라고 한다.

먹이를 놓친 호랑이도 주변의 나무를 물어뜯거나 관찰자를 위협하는 등 무엇이든 가리지 않고 마구 '공격 행위'를 취하지만 인간에게는 이 '욕구불만-공격형' 외에 어린애 같은 행동을 취하는 '욕구불만-퇴행형' 등이 있는데, 이에 대해서는 5장 정신분석학의 퇴행이론이나 방위 메커니즘의 절에서 상세하게 설명하겠다.

요구 수준과 달성의 동기 부여

헤밍웨이(Hemingway)는 킬리만자로 정상에서 죽은 흑표범에 감동하여 소설을 썼는데, 그 표범은 아마 의식장애를 일으켜 길을 잃었을 것이다. 아무런 보수도 기대할 수 없는데 높은 산에 오르는 기특한 동물은 사람 정도이다.

마터호른이나 에베레스트 등 미등정의 산이 많았던 정상 정복의 시대에는 인류 최초 등정의 명예욕이나 탐색욕구를 만족시키는 가치가 충분히 있었다. 최초 등반의 영예를 목표로 윈퍼는 6번, 영국 대는 3번의 실패를 무릅쓰고 도전하여 성공하였다.

이처럼 목표가 높으면 높을수록 달성하였을 때의 만족감도 크지만 목표가 너무 높아도 달성의 의욕을 저하시키고 반대로 너무 낮아도 시도할 의욕이 일어나지 않는다.

기업에서는 사원의 하고자 하는 마음—가령 매출목표액 등의 '달성의 동기 부여'를 자극하는 데 필사적이다—요구 수준은 너무 높아도, 너무 낮아도 안 되는 것이다.

쥐의 미로 실험에서도 보수의 먹이를 평소보다 많이 놓으면 쥐는 '의기양양'해서 빨리 달리지만, 반대로 적게 놓으면 실망해서 과제를 하지 않는다고 한다.

세계의 고봉이 모두 정복되고 나면 이번에는 어떻게 난코스로 등반하였는가 하는 베리에이션 루트(Variation Root)의 시대가 된 것같이 요구 수준은 쉽게 높아진다.

목표가 도저히 달성될 수 없을 것 같은 경우에는 당연히 요구 수준을 수정할 필요가 있으나 인간에게는 자존심이 있으므로 어쨌든 내리기는 어려운 경향이 있다. 이것을 '요구 수준의

하방강직성'이라 하는데, 고생을 10년 넘게 했는데도 도쿄대학 입시나 사법시험 합격을 고집하여 결실 없는 수험공부에 청춘의 나날을 소비하는 사람도 이런 범주에 속할 것이다.

레빈에 의하면 달성의 동기 부여는 보통 목표의 매력과 실현 가능성의 곱으로 나타낼 수 있다.

동물의 본능 행위

본능인가 학습인가

행동심리학의 시조 왓슨은 자신이 고아를 양육하면 천재적 학자, 대장군 혹은 대강도로 마음대로 키워내겠다고 호언장담한 낙천주의적 환경론자였다.

한편, 선천성 범죄인설을 제창한 롬브로소(Lombroso)같이 유럽 학파에서는 소인(素因)을 중시하나 욕구대로 행동하는 동물의 본능 행동에는 과연 학습의 여지가 없는 것일까?

태어난 직후의 망아지는 10분 정도 지나면 바로 달리는데 인간의 아기는 걷기까지 1년 이상이나 걸린다. 포르트만 (Portmann)은 스스로 걷지도 먹지도 못하는 무능한 인간의 영아는 생존경쟁이 치열한 동물의 세계였다면 당연히 모친의 자궁 내에서 양육될 상태에서 1년 빨리 이 세상에 태어난 상태라는 '1년 조산설'을 제창하였다.

이처럼 동물의 본능 행위는 선천적인 것이며 학습이 필요치 않으나, 인간의 행동은 후천적으로 획득된 학습 행동이다. 그러나 동물의 본능 행동이 고정 프로그램으로서 융통성이 없는 데 반해 인간의 학습 행동은 가소적(可塑的)이며 수정, 향상이 가능하고, 그 점이 다른 동물과의 생존경쟁에서 이길 수 있는 원인이라고 하였다.

동물생태학과 동물행동학

동물의 본능 행동을 상세하게 해석하는 것이 동물행동학(Ethology)이라고 부르는 분야인데, 그전에 관련 영역인 동물생태학(Ecology)의 중요 개념에 대해 설명해야겠다.

최근 환경오염으로 주목을 받는 동물생태학의 한 분야에 환경과 동물의 관계를 연구하는 동물생태학이 있다. 그러나 동물의 행동은 생태와 불가분이므로 동물행동학과 동물생태학의 구분은 애매해져 최근에는 동물행동생태학이니 동물사회학으로 불리는 영역으로 넓어졌다. 지금부터 설명하는 것은 이런 것의 발전 기초가 된 지도개념이다.

그 첫째가 먹이사슬의 법칙이다.

먹이사슬의 법칙

바닷속 생물을 생각해 보자.

동물성 플랑크톤은 자기보다 작은 식물성 플랑크톤을 먹고, 자신은 치어(稚魚)의 먹이가 된다. 그 치어를 먹이로 하는 소어(小魚)가 있는데, 이러한 소어들은 중어(中魚)에게 먹히며, 중어는 대어(大魚)의 먹이가 되어 먹이사슬의 피라미드 정점에는 고래조차도 먹어치우는 돌고래가 군림하고 있다.

사바나의 먹이사슬 피라미드 꼭대기에는 사자와 호랑이가 있다. 만일 환경파괴에 의해 이 먹이사슬의 일부를 구성하고 있는

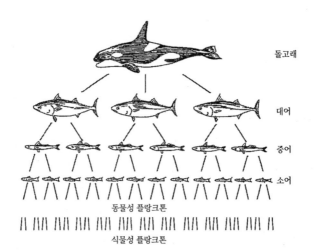

돌고래

대어

중어

소어

동물성 플랑크톤

식물성 플랑크톤

〈그림 3-1〉 먹이사슬 피라미드

소생물이 사멸하면 이 먹이사슬 피라미드의 상부에 속하는 동물은 먹이가 없어져 사멸하고 마는 것이다.

서식역 동물과 순위동물

다음은 '서식역(세력권)동물'과 '순위동물'의 구별이다.

애견을 데리고 산책하고 있으면 지나가던 다른 집 사육견이 마구 짖어대는데 이것은 그 개가 자신의 서식역(세력권)을 침범하는 침입자를 몰아내려는 습성이 있기 때문이다.

애견이 또한 전주 등에 소변을 보는 것도 '표지(Marking)'라 하여 자신의 냄새를 거기에다 표시하여 자신의 '세력권'을 주장하기 위해서이다.

개나 고양이, 곰 등의 동물은 자기의 생존-번식을 위해서 필요한 일정 면적, '세력권'을 갖는 '세력권(서식역) 동물'에 속하며, 만일 자신의 서식역이 침범당하게 되면 침입자를 쫓거나, 미리 서식역의 과시를 하는 등 '세력권 행동'을 취한다.

아름다운 꾀꼬리의 울음소리도 번식기에 암컷을 부르고, 다른 수컷에게 자신의 세력권을 알리는 경계신호이다.

또한 은어낚시를 할 때, 실에 매단 산 은어를 물속에 넣어 다른 은어들을 모여들게 한 후 낚시질하는 방법도, 자신이 먹을 강이끼의 서식 영역을 침범하려는 침입자에 대해 경고를 하는 '세력권 행동'을 역으로 이용한 것이다.

순위동물

그러나 그 종족이 늘어나 일정한 면적의 '세력권'을 지킬 수 없게 되면 그 동물들은 먹이를 먹는 순번을 정하여 무리의 평화를 유지하는 '순위동물'이 된다.

우에노(上野)의 원숭이산의 왕초교대 등이 신문에서 보도되는데 원숭이는 '순위동물'의 대표 격이다.

왕초원숭이가 먹이장에서 제일 먼저 먹이를 먹고 다음은 차석 왕초가 먹이를 먹는 순위는 엄격하게 지켜지는데, 왕초원숭이는 리더로서 무리의 안전이나 끼리끼리의 싸움을 조정하는 의무를 지니고 있다.

왕초원숭이가 되는 조건은 영장류연구소에서 상세하게 연구했다. 우선, 체격이 가장 크고 체중도 무겁다는 외형 이외에 힘이 세고 날렵하고 보다 공격성이 강하다는 아이들 세계의 '반장적 요소'는 물론, 무리를 통솔할 만한 지혜도 있고, 또한 어미원숭이의 모양새가 좋은 데도 좌우된다고 한다.

왕초원숭이의 권위는 절대적이며 그는 먹이장에서 맨 처음에 제일 좋은 먹이를 먹을 뿐만 아니라 무리의 암원숭이들—그의 하렘(Harem)을 지배하고 있으므로 주로 그의 자손이 생겨나게 된다. 그리하여 강자만이 살아남는 자연도태의 법칙이 작용되는 것이다.

조금이라도 틈을 보이면 젊은 찬탈자의 도전을 받으므로 철저하게 응징하여야 한다. 그러나 왕초원숭이는 상대가 항복하면 도전자가 마치 암놈인 것처럼 교미 자세를 취한다(Mounting). 이것은 자신의 우위를 무리에게 과시하기 위한 의식인 것이다. 젊은 수놈도 이러한 공손한 자세를 취하면 그 이상 공격을 받지 않는다. 무엇인가 마음에 들지 않는 일이 있어 왕초원숭이의 기분이 나쁘면, 그것에 마음을 쓰는 원숭이가 나타나 왕초원숭이의 등에서 벼룩을 잡는 것 같은 동작, 즉 '털 다듬이 의식(Grooming)'을 한다. 이 털 다듬이의 행동은 상대에게 친애의 정을 나타내는 '달래기 신호'이며 왕초가 기분 좋게 털 다듬이를 할 수 있게 하는 것은 상대에게 기분을 풀었다는 표시이다.

어쩐지 샐러리맨 사장 시리즈 영화에서 아부꾼들의 한 장면이라도 보는 듯한 광경이다. '세력권'이건 '순위'이건 깡패들의 세력권 싸움이나 정치계의 파벌 싸움을 방불케 하는 것은 우리들 인류가 원숭이 쪽 본능의 그늘을 지니고 있는 '발가벗은 원숭이'이기 때문이 아닐까?

결국은 데스먼드 모리스 등 생태학자들의 문명 평론이 폭넓게 세력을 미치게 되었으나, 이것에 반하여 동물행동학이란 동물심리학, 동물행동학, 동물습성학 등으로 번역되는 영역으로 K. 로렌츠나 N. 틴버겐은 동물의 본능 행동을 상세하게 해명하였다.

본능 행동의 해석—갈매기의 보육 행동

노란 주둥이를 잔뜩 열고 자꾸 먹이를 달라고 조르는 제비 어미와 새끼의 모습은 동물의 가족애를 느끼게 하는 초여름의 풍물이지만 틴버겐의 연구에 의하면 실은 어미 새와 새끼 새의 본능 행동의 교묘한 배합에 불과하다는 것이다.

필자도 아이 시절에 둥지에서 떨어진 참새 새끼를 기르려고 했다. 그러나 아무리 애써도 참새가 먹이를 먹지 않아 고생했던 기억이 있는데 틴버겐은 보드지로 검은등갈매기 어미 새의 머리 모델을 만들어 새끼 새의 주둥이로 쪼는 행동이 유발되는 가의 여부를 테스트하였다.

그 결과에 의하면 노란 주둥이 끝에 있는 붉은 반점이 새끼 새의 쪼는 행동을 유발하는 중요한 신호였다. 반점 색이 검은 색, 붉은색, 흰색으로 변하는 데 따라 유발 빈도도 저하되고 반점이 없어지면 25%밖에 생기지 않는다고 한다.

즉 새끼는 어미 새의 붉은 반점이 있는 노란 주둥이를 해발 자극으로 하여 쪼는 행동을 일으키므로, 필자의 참새가 먹이를 먹지 않았던 것은 어미와 떨어져 있어 공포에 질려 있었기 때문이 아니다. 그때 어미 참새의 머리 모델을 보였다면 먹이를 먹었을 것이다.

한편, 어미 새는 새끼가 귀여워서 꾸준하게 먹이를 나르고 있는 것일까?

어미 새의 급이(給餌) 행동의 해발자극이 되고 있는 것은 실은 새끼 새의 크게 벌린 주둥이가 만드는 붉은 마름모 모양이다.

이 붉게 벌린 주둥이를 보면 어미 새는 그 속에 먹이를 집어 넣지 않을 수 없는 보육 본능이 유발된다.

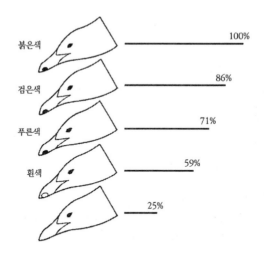

붉은색   100%

검은색   86%

푸른색   71%

흰색   59%

25%

〈그림 3-2〉 갈매기 새끼의 쪼기 행동. 위에서 각각 붉은색, 검은색, 푸른색, 흰색의 반점이 있고, 반점이 없는 어미 새의 머리 모델에 대해서는 각각 어느 정도 쪼았는가 횟수를 나타낸 비율이 옆의 막대기 길이다(틴버겐, 1953)

이 급이 행동은 순순히 붉은 마름모 모양의 면적에 비례하여 생기므로 뻐꾸기의 탁란 습성이 성립되는 것이다.

뻐꾸기는 자신이 알을 품지 않고 흔히 비슷한 알을 낳는 개개비의 둥지 속에 몰래 자신의 알을 낳는 기묘한 습성이 있다. 알에서 부화된 뻐꾸기의 새끼는 당연히 개개비의 새끼보다 큰 입을 벌리므로 개개비 어미 새는 주로 뻐꾸기 새끼에게만 먹이를 주는 결과가 되어 버린다.

이처럼 새의 육아 본능은 자신의 새끼도 구별 못하며 또한 보드지로 만든 어미 새의 모델로서 대행할 수 있는 조잡한 행동패턴이다. 따라서 그 보육 행동은 미리 어미 새와 새끼 새의 뇌신경에 생득적으로 새겨진 신경회로가 교묘히 조합된 2개의

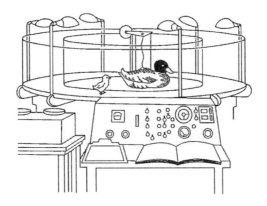

〈그림 3-3〉 새끼 오리에게 '각인'을 시키는 장치. 새끼 오리는 울음소리를 내며 돌아가는 오리를 뒤쫓는다(E. H. 헤스, 1958)

해발자극으로 작동되는 것일 뿐이다.

물새의 각인

봄이 오면 흰뺨검둥오리의 어미나 새끼가 언제 이동하는가 하는 것이 TV로 방영되는데, 새끼 새는 어미에게서 이탈하면 바로 죽음이 기다리고 있으므로 어미 새 뒤를 필사적으로 따라다닌다.

이 추미 행동의 수수께끼를 K. 로렌츠가 해명하였다.

물새의 새끼는 알에서 부화 후 9시간에서 17시간이란 한정된 짧은 기간(임계기)에 자기의 눈앞에 있는 큰 물체의 상(像)이 마치 흰 종이에 인쇄되는 것같이 '각인(Imprinting)'되어, 그 큰 물체의 뒤를 쫓아다니는 추미 행동이 생긴다.

필자가 전시에 시골로 피해 있었을 때, 닭 모이주기를 책임졌다. 마침 집오리의 알이 한 마리만 부화하였으므로 때때로

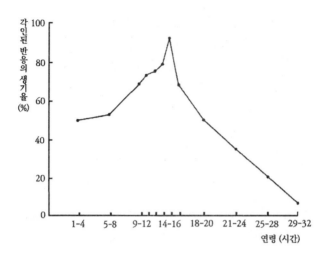

〈그림 3-4〉 각인의 임계기. 생후 16시간 전후에 가장 강력하게 각인이
이루어진다(E. H. 헤스, 1958)

냇가로 헤엄치러 데리고 가면 작은 새끼 오리가 헤엄치는 필자
의 뒤를 필사적으로 따라다녔는데, 이것은 아마 임계기에 필자
의 모습이 새겨졌기 때문일 것이다.

로렌츠의 추적시험을 한 E. H. 헤스는 〈그림 3-3〉 같은 회
전목마 위에 여러 가지 물체를 놓는 심술궂은 실험을 하였다.
임계기에 양동이를 얹어 놓은 새끼는 애처롭게도 양동이를 어
미라고 여겨 쫓아다니게 되었다고 한다.

물새의 어미인지는 이처럼 짧은 임계기에 새겨지게 되는 조
잡한 본능 행동이다. 〈그림 3-4〉는 각인의 임계기를 나타낸 것
이다.

그러나 이 임계기에는 말하자면 그 물새의 아이덴티티가 형
성되게 되므로 사육계의 청년에게 양육된 암컷 학은 어쩐지 자

〈표 3-5〉 각인 완성의 소요시간

물새	1~2분
양	2~3일
원숭이	10~14일
침팬지	2개월
인간	5~6개월

신을 인간 여성으로 여기고 있는 듯하며, 성조가 되어도 수컷 학에 전혀 흥미를 기울이지 않고, 사육계 청년에게 날갯짓을 하는 구애 행동을 취한다.

그러므로 사육계는 임계기에 한하여 학의 모양을 뒤집어쓰는 것 같은 진기한 모습으로 모이를 준다고 한다.

이 모친(慕親) 본능은 보다 고등한 동물일수록 각인에 필요한 시간이 길어지고 어미의 식별도 보다 정확해진다.

〈표 3-5〉는 각인이 완성될 때까지의 시간을 비교한 것이다.

이와 같이 인간에게도 동물과 비슷한 친모 본능이 있으며 아동심리학이나 발달심리학의 영역에서 상세하게 연구되어 있다.

영국의 아동정신의학자 J. 볼비는 수유기에 어머니와 아이를 연결시키는 접촉의 양부(良否)가 다음 해에 그 아이의 인격(Personality)에 중대한 영향을 미친다는 설을 수립하였다.

인간의 유아도 '운다', '미소 짓는다', '소리를 낸다', '빤다', '매달린다', '뒤를 쫓는다' 등의 행동에 의해 어머니와의 유대를 강화하고 있다.

가령 생후 8주까지의 영아는 자신의 눈앞에 나타난 인간에 대하여 '눈을 향하고', '시선으로 뒤를 쫓고', '아, 하고 소리를 내고', '손을 뻗는' 등의 행동을 취하는데, 생후 3개월이 되면 앞에서 말한 '3개월의 미소 반응'이 생긴다. 그러나 아직 이 단계에서는 자신의 어머니를 확실하게 식별한 반응이 아니다. 6, 7개월째가 되어서 모친 이외의 사람을 보면 우는 '낯선 반응'이 생기는데, 이때가 되어 비로소 자신의 모친상이 뚜렷하게 새겨지게 된 셈이다. 그러나 물새의 추미 행동과 비슷한 모친에 대한 '뒤따르기 행동'이 생겨나는 것은 보행이 완성되는 2세쯤이 된다.

물새의 각인이 부화 후 불과 9~17시간이란 한정된 임계기에만 성립되고 또한 일단 새겨진 상은 나중에 수정할 수 없는 '절대적 임계기'인 데 반하여 인간의 임계기는 상대적인 것이다. "철은 뜨거운 동안에 두들겨라"라는 말이 있는데, 그 시기를 놓치면 학습의 효율이 극도로 나빠진다는 종류의 '민감기'에 가까운 것이다.

초기 학습

그러나 출생 직후부터 부모나 한패로부터 격리되어 '초기 학습'을 박탈당하면 그 개체의 심리적 발달에 중대한 영향을 받는다.

D. O. 헤브는 이유 후의 스커티테리어를 다른 방에 격리하여 9~12개월 키웠더니 신체적 발육에는 아무런 이상도 없는데 불이 붙은 담배를 물고 와서 입술에 화상을 입었는데, 지치지 않고 몇 번이나 물고 오는 기묘한 부적응 상태를 일으켰다고

보고하고 있다.

인간에게도 이 초기 학습은 중요하며 특히 인간과 동물을 구별하는 직립보행과 언어발달에서의 임계기는 폭이 좁은 것이라는 사실이 인간의 '초기 학습 박탈 사례'인 '야생아'의 보고에서 확인되었다.

아바론의 야생아

자유와 평등, 박애의 깃발을 높이 든 프랑스혁명은 루소의 사상 영향도 컸으나, 인간 사회의 인습에 오염되지 않은 '야생아'야말로 교육의 이념이라는 루소의 주장에 따라 "야성으로 돌아가라"가 당시의 유행어였다.

새로운 세기의 시작에 인심이 들떠 있던 1800년 정월에 남프랑스의 아바론에서 야생아가 발견되었다는 뉴스가 있어 파리 전체가 들끓었다. 당시의 내무장관이고 나폴레옹의 동생인 루시앙 포나바르트는 역시 정치가답게 조속히 이 야생아를 파리에 불러들이기로 하였는데, 당시에는 TV 등이 없었으므로 '아바론의 야생아'라는 적당히 꾸민 신파극까지 연출되었다고 한다.

그러나 데려온 야생아는 늠름한 타잔 소년 같은 이미지 하고는 동떨어져 있었다. 이상한 냄새를 풍기는 짐승 비슷한, 어쩐지 불결하고 보잘것없어서 실망한 파리의 시민들은 얼굴을 돌리고 가버렸다. 처지가 곤란해진 야생아는 정신병원에 맡겨졌다.

메스머의 동물자기도 그랬지만 세간의 평판이 되었던 것은, 그 방면의 권유자를 위원장으로 하여 조사위원회가 열리는 것이 파리의 관습이며 위원장에는 피네르가 임명되었다. 피네르는 그때까지도 '악마가 사는' 헛간 같은 병실에 고리에 묶여 있던 정신병자를 개방한 것으로 유명한 당대 일류의 정신의학자였다. 피네르는 내무대신의 얼굴이 깎이지 않도록 아바론의 야생아가 그 병원에 수용되어 있는 중증 정신박약아와 닮았다는 논지의 고심스런 보고서를 작성하였다.

이 야생아는 귓가에서 권총소리를 들려주어도 반응하지 않는데 호두 열매가 부닥치는 소리에는 재빨리 뒤돌아보고, 또한 뜨거운 탕 속에서 맨손으로 감자를 집어내어 먹었다고 한다. 피네르의 감정대로 청력장애를 수반한 중증의 정신박약자이며, 양친이 어느 정도까지 양육은 하였지만, 힘에 겨워 가까운 숲 속에라도 유기하였던 것이 마을에서 훔쳐 먹으면서 자랐을 것이다.

의료, 복지제도가 충실한 현재로서는 상상도 할 수 없는 일이지만, 아직 일본이 가난하고 고액의 입원비 같은 것을 도저히 지불할 수 없었던 1945년경에는 살기 어려운 부모가 우에노역까지 아이를 데리고 와서 버리고 가니, 결국은 정신병원에 수용되는 경우도 있었다고 선배 의사로부터 들은 적이 있다.

이 잊힌 야생아를 젊은 군의 이타르가 6년간에 걸쳐 열심히 교육한 기록이 출판되어 마침내 항간의 관심을 불러일으켰다. 스위스의 유명한 교육자 페스탈로치로부터 특수교육의 선구자라고 절찬받아 일약 유명인이 된 이타르는 러시아 궁정에 초대되어 황제로부터 훈장도 받았다고 한다.

이리가 키운 소녀—아마라와 카마라

이처럼 '아바론의 야생아'란 것은 실은 유기된 중증 정신박약아이며 진짜 야생아는 아니었지만, 사실이 소설보다 드문 일로서, 1920년에는 틀림없는 '이리가 키운 소녀, 아마라와 카마라'가 인도에서 발견되었다.

발달심리학자로 유명한 미국의 A. 게젤은 즉시 소녀들을 양육한 싱 목사로부터 양육 기록이나 사진 등을 구입하여 출판하였으므로 우리들은 그 흥미로운 기록을 읽을 수가 있다.

인도는 현재에도 소, 호랑이, 코브라 등 여러 가지 동물들이 인간과 공존하고 있는 나라이다. 1920년 벵골의 호랑이로 유명한 콜카타시 남서의 고다무리라고 불리는 밀림 속 마을에 사람인지 이리인지 모를 괴물이 출몰하여 마을 사람들을 공포에 떨게 하므로 그 지구의 순회목사인 싱 목사를 대장으로 하는 탐험대가 조직되었다. 괴물이 출몰하는 2층 집 정도나 되는 큰 개미탑을 대원들이 부수고 보니 속에 3마리의 어미 이리와 5마리의 새끼 이리에 섞여, 8세와 1세 반으로 추정되는 인간의 아이같이 보이는 것이 기면서 눈을 부릅뜨고 반짝이면서 으르렁거리는 소리를 내었다.

키운 어미같이 보이는 이리가 그 사람을 지키려고 필사적으로 저항하므로 가엾게도 사살되고 말았다.

가난한 이 지방의 원주민들은 자신이 밭일을 할 때는 아기를 바구니에 넣어서 가까운 밭에 두는데, 거기에 새끼 이리를 잃어 젖이 불은 어미 이리가 나타나 물고 가서 새끼 대신에 키웠을 것이다. 싱 목사 부임 당시의 이 지방에는 유기아도 여기저기에 있었으며 고아원에는 16명이 수용되고 있었다는 상황이므로 두 아이가 실종되어도 마을에서는 크게 문제가 되지 않았을 것이다.

두 아이들은 싱 목사가 경영하는 고아원에서 싱 부인의 각별

한 양육을 받게 되었다.

큰 카마라는 전혀 싱 부인과 친해지려고 하지 않고 네발로 기는 식으로 바닥을 걸으며 새의 내장을 탐욕스럽게 먹었다. 낮에는 방구석에 강아지 모양으로 둘이서 끌어안고 자고, 밤이 되면 침착하지 못하게 방바닥을 배회하고 무서운 소리로 먼 곳을 향해 짖는 것이었다.

불행하게도 1년이 지났을 때, 인간 사회에 대한 적응을 오히려 잘하고 있던 것 같던 작은 아마라가 신장염으로 죽고 말았다. 카마라는 아마라의 죽음을 이해하지 못하고 별실에 누워 있는 아마라를 일으켜 세우고 그 몸을 흔들었다. 몇 번이나 흔들어 보고 한 젖을 먹던 자매 아마라의 죽음을 이해한 듯이 굵은 눈물을 흘리며 그로부터 2일간은 아무것도 먹지 않고 그 자리를 떠나지 않았다.

곤란해진 싱 부인은 매일 카마라의 몸을 마사지하였는데 이

〈사진 3-1〉 아마라와 카마라가 끌어안은 채 자고 있다

피부 접촉의 효과를 보아, 겨우 부인을 따르게 되고 인간다운 교육을 받을 수 있게 되었으나 구출되고 나서 9년 후인 17세일 때 요독증으로 사망하고 말았다.

이 카마라의 교육 기록을 읽으면 인간의 기본 조건인 직립보행과 언어 획득의 학습에 관해서는 임계기가 의외로 좁다는 것을 통감하게 된다.

인간의 유아가 마침 언어를 외우는 연령에 해당하는 1세 반에서 구출되었던 아마라는 불과 2개월에 부-라는 말로 물을 요구하였는데, 이 임계기를 벌써 지내고 8년이나 이리 사회에서 살았던 카마라는 3년째에야 겨우 싱 부인을 '마아-', 배가 고팠을 때 '부-'라고 말하는 2개의 단어를 외웠을 뿐이고 사용할 수 있는 단어는 6년째에 30단어, 7년째라도 40단어 정도였다.

또한 직립보행에 관해서도 구출 2년째까지는 개처럼 네발로 달리고, 겨우 설 수 있었던 것은 3, 5년째였으나 17세에 사망할 때까지 보행은 비틀거리며 딱딱하고, 그러므로 서 있는 사진은 몇 겹으로 흔들려 찍혀 있어, 삶을 마칠 때까지 두 발로 달릴 수는 없었다.

언어가 동물과 인간을 구별한다

그 후에도 정신장애자의 부모 등에게 격리되어 양육된 초기 학습의 박탈 예가 보고되어 있으나 동물의 어미가 인간의 아이를 키웠다는 완전한 초기 학습 박탈의 사례는 아직 나타나지 않았다.

언어는 동물과 인간을 구별하는 중요한 기능이다.

인간만이 언어를 갖게 된 것은 발달하여 커지게 된 대뇌에 언어를 갖게 될 만한 배선을 새겨두는(프린트) 것이 가능해 졌기 때문이다. 카마라의 경우처럼 초기 학습이 극단으로 저해되지 않는 한, 또한 아바론의 야생아 같은 중증의 뇌장애가 없으면 언어의 습득은 IQ나 연습의 많고 적음에 관계없이 성숙에 의해 일정하게 발달해 간다.

여성 심리학자가 태어난 직후의 침팬지를 자기 자식처럼 키웠다는 기록도 있으나 2세까지는 분명히 침팬지의 지능이 인간의 아이를 상회한다. 그러나 인간의 아이가 언어를 획득하면 급속히 그 차가 벌어져 아무리 교육하여도 침팬지가 언어 비슷한 것을 획득하였다는 확증은 잡을 수 없다.

언어 획득에 의한 기호화, 개념화가 침팬지와 인간을 구분하는 결정적인 격차이다.

그러나 침팬지보다 훨씬 하등한 포유동물인 개나 쥐라도 어느 정도의 학습이 가능하다는 것을 증명한 것이 다음 장의 학습심리의 파블로프나 왓슨 등이다.

동일성 혼란과 임계기

최근에 사회문제가 되고 있는 귀국 자녀의 모국어가 언제 새겨지는가 등의 고도한 언어 기능이나 아이덴티티 등의 임계기에 대하여 생각해 보자.

국소마취로 개두 수술을 하고 전기자극으로 대뇌의 편재 기능을 확인한 캐나다의 뇌외과의 벤필드는 인간의 언어습득 능력은 카마라의 증례에서 나타났듯이 만 2세 때가 최고이고 10세를 지나면 쇠퇴하고 만다고 주장하고 있다. 이것은 인간의 청각령과 시각령, 언어중추 등의 기능이 분명하게 분화하는 것이 2~4세이기 때문이다.

5, 6세 때에 쓰고 있는 말이 그 사람의 모국어나 고향 말(사투리)로 고정된다고 말하고 있다.

재미있는 것은 4~5세쯤에 절대적 음감이 형성된다고 한다. 필자도 음치의 대표 격인데 음치 어버이에게서 자라 음감 교육을 받지 않으면 음계 등은 알 수 없게 된다.

일반적으로 오른손을 쓰는 사람의 언어중추는 좌반구에 있으나 왼손을 쓰는 사람의 손을 무리하게 교정하면 쓰는 손과 반대인 대뇌반구의 우위성에 혼란을 일으켜 잠시 동안은 말더듬이가 되는 일이 있다.

우세 반구의 언어중추가 교통사고 등으로 손상을 받았을 경우는 열세 반구에 언어중추가 생겨서 완전히 대상(代償)하는데 이 대상이 완전히 성립하는 것은 12~13세까지이다.

아이의 뇌파 모양은 뇌의 성숙에 따라 드라마틱하게 변화하는데 대체로 14세가 되면 성인의 뇌파 모양이 되므로 뇌의 성숙이 완성되면 가소성이 없어져 완전대상이 불가능하게 되는 것 같다.

교토 출신이며 간사이 말도, 표준말도 잘하는 배우 노가와 유미코(野川由美子)에 의하면 사투리 교정이 가능한 것은 중학생 까지며 고등학교를 지나면 고향 사투리를 완전히 없애는 것은 곤란하다고 한다.

4장 행동의 과학 ②
―학습심리학

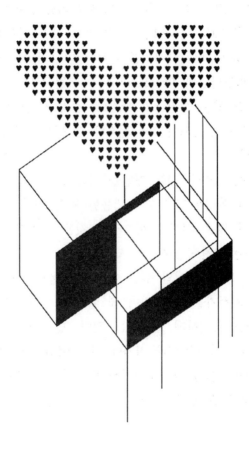

학습이란 무엇인가?

지금까지 배워온 것같이, 동물의 본능 행동은 선천적으로 뇌의 고정 프로그램에 의해 자동적으로 이루어지며 나중에 개량할 여지가 없다. 이것에 반하여 가소성이 풍부한 인간의 학습 행동은 스포츠 등의 연습처럼 후천적인 경험에 의해 개선되고 또한 그 효과는 비교적 영속적이라는 '행동의 변용'을 생기게 한다.

그러나 보행과 같은 인간의 기본적 기능에 관해서는 주로 관련되는 신경계의 성숙이란 '발달'의 요인이 관여하고 있다. 예를 들어 생후부터 1세까지를 주로 어머니 등에 묶어 매고 생활하는 호피인디언의 아기도, 이미 6개월쯤부터 보행기 등으로 연습시키고 있는 선진국의 아기도, 걷기 시작하는 연령은 신경계의 성숙이 완성되는 1세 전후에 분포하며 학습 효과는 별로 관계가 없다.

최근에는 유아의 재능 개발을 하는 조기교육이 붐인데, 외국어 습득에 관해서도 그것에 대응할 만한 대뇌 기능이 아직 성숙해 있지 않은 시기에 학습시킨 것은 장기기억이 되지 않고 망각된다는 의견도 있다.

이처럼 유아기에서의 행동 개발은 동물의 본능 행동과 유사한 개발 최적기를 갖고 있어 몇 살 때에 어떤 지능 행동이 개발되는가를 상세하게 연구하는 것이 '발달심리학'의 분야이며, 당연히 '유아심리학'이나 거기에 언제 어떤 학습 프로그램을 부여하는 것이 가장 효과적인가를 연구하는 '교육심리학'과 밀접한 관계를 갖고 있다.

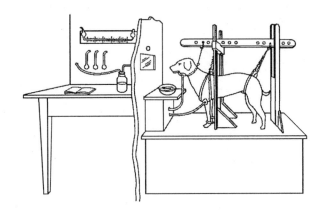

〈그림 4-1〉 조건반사 실험장치[니하마(新浜), 후루다케(古武), 1956]

즉 이 장에서 다루는 학습이란 신경계의 성숙이 완성된 성인에 대한 학습 효과 연구이다.

파블로프의 조건반사

인간의 학습 행동 메커니즘에 대해서 처음으로 과학적인 규명을 한 것은 러시아의 생리학자 파블로프(Pavlov, 1849~1936)이다.

파블로프는 중부 러시아 라잔의 가난한 전도사의 장남으로 태어나 신학교를 중퇴하고 페테르부르크대학에 들어가고, 50세 때에 겨우 군의대학의 생리학 교수가 된 고난스러운 경력의 소유자였다. 그러나 그 만년의 연구가 뜻밖의 큰 꽃을 피우게 되었다.

그는 당시 개를 사용하여 타액의 분비를 조사하는 '소화선의 연구'를 하고 있었는데 입실하는 사육담당의 발소리만 들어도

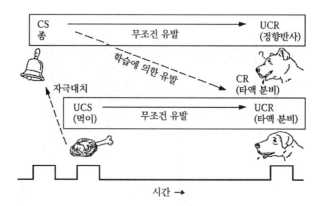

〈그림 4-2〉 조건반사가 성립하는 과정

실험 개의 타액 분비량이 증가한다는 것을 알아차렸다.

　파블로프가 만일 동양인이었다면 이 사실을 간과해 버렸을지도 모른다. 삼국지의 '매산의 계' 이야기에서도 알 수 있듯이 동양인이라면 매실만 생각해도 입속에 타액이 넘치니, 이 체험에 대해서 아무런 의심도 하지 않는다.

　그러나 잘 생각해 보면 사육담당의 발소리라는 '음자극'은 식욕의 자극에 의해 생기는 타액 분비와는 원래 아무런 관계도 없을 것이다.

　그는 이 메커니즘을 해명하기 위하여 〈그림 4-1〉 같은 실험장치를 고안하여 연구를 진행하였다.

　〈그림 4-2〉에 나타냈듯이 타액 분비와는 아무런 관계도 없는 '중성자극', 가령 종소리를 '조건자극(CS)'으로 선정하여 개에게 들려주면 개는 귀를 세워 소리 방향으로 목을 돌린다는 '정향 반응'이 생길 뿐이다. 그러나 종소리를 들려주는 것과 동시에 개의 입속에 고깃가루를 넣어준다는 무조건자극(UCS)을

부여하는 실험을 몇 번이고 반복(이것을 강화라고 한다)하면, 결국은 고깃가루를 부여하지 않고도 종소리를 들려주는 조건자극만으로 '자극대치'가 생겨, 원래 아무 관계없는 타액 분비가 생긴다는 '학습'이 이루어진다.

즉 파블로프의 개도 언제나 먹이를 주는 사육담당의 발소리(조건자극)를 듣는다는 체험의 축적에 의해 먹이의 기대에 앞서 타액을 분비한다는 학습을 자신도 모르게 완성시켰던 것이다.

이것은 결코 동물의 본능과 관계가 있는 '무조건반사'가 아니다. 파블로프는 이 학습성 반응을 '조건반사'라고 불렀으나 스키너의 '도구적 조건화'와 대비하여 '고전적 조건화'라고 부르고 있다.

이 파블로프의 발견은 본능 행동뿐이라고 여겨졌던 동물에게도 학습 행동이 성립한다는 것을 실제로 증명하는 것으로 당시 미국에서 왓슨이 제창하고 있던 행동주의심리학에 이론적 근거를 제공하는 것이었다. 파블로프는 이 연구에 의해 노벨상을 수상하고 그 후 러시아 심리학은 조건반사이론에 근거하여 발달하였을 뿐만 아니라 널리 받아들여져 학습이론은 현대 심리학의 하나의 큰 기둥이 되었다.

그 후 파블로프 일파의 연구는 다음과 같이 요약할 수 있다.

이 학습의 완성은 조건자극과 무조건자극의 동시 제시를 몇 회 실시하였는가라는 '강화'의 횟수와 관계가 있다.

〈그림 4-3〉 세로축에 조건반사의 크기(완성도)를 잡고, 가로축에 강화 횟수의 시간을 잡은 것인데 강화 횟수를 반복하는 데 따라 학습도 완성하고 반사의 크기도 최대가 된다. 이렇게 일단 학습이 이루어진 후에 소리(조건자극)가 들려도, 먹이(무조

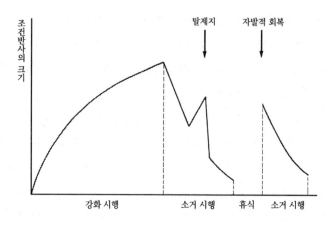

〈그림 4-3〉 고전적 조건화의 여러 상

건자극)를 주지 않는 훈련(소거 실험)을 반복하면 소거되어 결국 조건반사는 생겨나지 않게 된다.

그러나 이 소거 실험 중에 휴식을 하거나(자발적 회복), 또는 큰 소리를 들려주는 것 같은 새로운 자극을 가하면(탈제지), 조건 반사는 다시 회복하게 된다.

개의 신경증과 알버트 아기의 '백색공포증'

이 조건반사는 굳이 소리만이 아니고 원이나 타원 등의 도형이나 적색이나 청색의 빛 등을 사용하여도 학습이 가능하다.

그러나 원형을 제시하였을 때는 먹이를 주지만, 타원에서는 주지 않는 훈련을 시키고 또한 원과 타원을 접근시켜 변별시키는 도형의 '변별 조건화'를 시행한다. 자극의 변별이 곤란해지는 데 따라 개는 혼란을 일으켜 침착하지 못하고 실험대 위에서 짖고 소란을 피우고 고무관 등의 실험기구를 물어뜯고, 결국은 실험실에 들여보내려고 하는 것조차도 짖고 저항하는 등 사람의 신경증과 똑같은 개의 '실험신경증'을 만들 수 있었다.

이것은 1,000사이클의 소리로는 먹이를 주나 1,100사이클에서는 주지 않는다는 소리의 변별 학습에서도 마찬가지이다. 즉 '변별'이란 조건자극의 변별 폭을 점차 좁혀나가는 실험인데, 이것과 반대로 조건반사를 일으키는 조건자극이 확대하는 현상을 '일반화'라고 부르고 있다.

행동심리학의 창시자인 왓슨은 자신에게 고아를 맡기면 장군이나 강도도 마음대로 만들 수 있다고 호언장담한 학자인데, 병원 탁아소에 맡겨져 있던 건강하고 정상인 11개월 된 알버트에게 조건반사에 의해 다음과 같은 공포증을 일으키는 데 성공하였다.

왓슨은 무심히 놀고 있는 알버트에게 흰 쥐를 주고, 아기가 호기심으로 손을 내미는 순간에 뒤에서 큰 소리를 들려주었다. 이 실험을 몇 번 반복하니 알버트는 흰 쥐를 보기만 해도 곧 울기 시작하고 기면서 도망치는 공포 반응을 일으키게 되었다.

일단 형성된 흰 쥐에 대한 공포 반응은 그 후 점차로 확대되어 흰 쥐와 비슷한 흰 토끼나 하얀 솜뭉치를 보여주어도 동일한 반응이 나타났다.

왓슨은 왜 이런 잔인한 실험을 하였을까? 그것은 신경증의 불가결한 증상의 원천을 더듬어가는, 실은 유아기의 외상적 체험이 전이한 것이라는 정신분석이론을 실제로 증명하고 싶었기 때문이다.

알버트와 같이 유아기에 흰 쥐로 공포 반응이 심어지게 되면 공포를 일으키는 대상이 점차로 유사한 것으로 일반화된다. 히치콕 감독의 작품에 버그만이 분하는 정신분석의가 수술의 등의 흰 것에 이상한 공포를 갖는 환자의 원인을 규명하는 『백색의 공포』라는 서스펜스 영화가 있었는데 왓슨은 이 영화보다 먼저 알버트에 의해 '백색의 공포증'을 학습시켰던 것이다.

J. B. 왓슨(1878~1958)은 이처럼 미국 심리학계뿐만 아니라 교육학계, 사회학계의 환경론자에게 커다란 영향을 미친 심리학자였으나 전처와 이혼하고 바로 비서하고 재혼하는 등의 분방한 생활 때문에 젊어서 학계를 떠나고, 그 후는 광고업계에서 활약하였다.

스키너 상자와 쥐의 심리학

파블로프는 주로 개를 사용하였으나 왓슨으로 대표되는 미국의 행동심리학자는 쥐를 즐겨 사용해서 인간의 심리학이 아니고 '쥐의 심리학'이라는 뒷소리를 들었다. 로렌츠 등 유럽학파에서는 물고기나 물새를 사용하듯이 학파에 따라 실험동물의 선호가 있는 것 같다.

파블로프의 개는 실험실에 묶여 있고, 억지로 소리를 듣거나 고깃가루를 준 것이며, 진정으로 동물 자신의 의지로 자발적인 학습을 할 수 있는가 하는 중대한 의문이 해소되지 않은 채 실험되었다.

미국의 심리학자 B. F. 스키너는 교묘한 '스키너 상자'라고 부르는 실험 장치를 고안하여 쥐가 자발적으로 학습한다는 것을 증명하였다.

그 당시는 우리에 가두어 두었던 고양이가 몸부림치는 데 열중하고 있는 동안에 우연히 자물쇠에 앞다리가 부딪쳐 탈출하

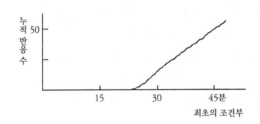

〈그림 4-4〉 스키너 상자(위)와 그 학습 결과(스키너, 1938)

는 '시행착오'라는 학습 행동이 있다는 것이 E. L. 손다이크의 실험으로 증명되어 있었다.

스키너는 이 실험을 더욱 발전시켜 상자에 가두어둔 쥐가 몸 부림치는 동안 우연히 손잡이를 건드리면 먹이 접시에 먹이가 떨어지게 되는 실험 장치를 고안하였다. 쥐가 이 시행착오를 되풀이하는 동안에 상황의 '통찰'이 생기는지 자꾸 손잡이를 누르고 먹이를 떨어뜨리게 하는 학습 행동을 꾸준히 하게 되었다. 즉 먹이라는 보상에 이끌려 쥐가 능동적으로 학습하므로, 수동적인 파블로프의 개와 같이 실험자가 구차스러운 강화 실험을 할 필요가 없다. 이것은 어린아이가 상으로 주는 과자 때

108

문에 싫은 공부도 자발적으로 하는 메커니즘과 매우 비슷하므로 보다 인간의 행동에 가까운 학습 행동이라 말할 수 있다. 이 실험은 쥐가 자발적으로 하고 실험자가 관여하지 않는다는 것이 장점이다.

스키너는 자동화를 매우 좋아하는 사람이었다. 전시 중엔 군을 위해 미사일을 조정하는 비둘기를 훈련하고, 한편으로는 바로 태어난 장녀를 돌봐주는 '베이비 박스'를 고안하였다. 딸아이의 수업을 관찰하고 나서는 그 학습이론을 무시한 방법에 화를 내어, 이번에는 컴퓨터를 사용하여 티칭머신을 개발하였다. 그의 서재에는 특별 주문한 시계가 있어 책상 앞에 앉는 시간이 줄면 누적 곡선의 기울기가 내려가도록 고안되어, 그런 때에는 강연을 사절하는 등 자신의 스케줄을 컨트롤하였다고 한다.

이 새로운 유형의 학습을, 손잡이를 누르는 동작이 먹이를 얻기 위한 '도구' 역할을 한다는 의미에서 '도구적 조건화'라 하며, 또한 그 학습을 쥐가 스스로 시행(오퍼런트, Operant)한다는 의미에서 '오퍼런트 조건화'라고 부르고 있다. 이것에 반해 파블로프의 고전적 조건화는 수동적이므로 '리스폰던트(Respondent) 조건화'라고 부르고 있다.

여기에서 이 두 가지 유형의 학습을 대비하여 보자.

쥐는 손잡이(S_2)를 보고 호기심을 일으켜 우연히 손잡이를 누른다(R_2)는 탐색 반응을 일으킨다. 그러면 먹이(S_1)가 나타나므로 참지 않고 먹는다(R_1)는 무조건 반응(UCR)이 일어난다. 즉 새로운 유형의 학습이란 손잡이 누르기(R_2)라는 반응(CR)으로서 섭식 반응(UCR)과 연결시키는 R형의 조건부이며, 파블로프의 개가 소리(S_2)를 먹이(S_1)로 대치하여 타액 분비(R_1)를 일으키는

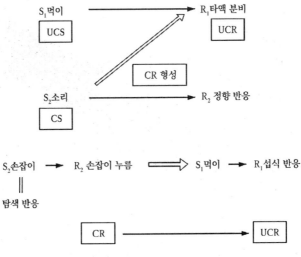

〈그림 4-5〉 고전적 조건화와 도구적 조건화의 학습 과정의 차이

S형 조건화하고는 메커니즘이 전혀 다르다.

또한 개에게 생겨나는 반응은 타액 분비라는 선(腺)형의 반응이며, 손잡이 누르기라는 근육-중추신경계의 반응하고는 다르다. 게다가 이 두 학습의 근본적인 차이는 먹이가 갖는 의의이다.

파블로프의 개 먹이(S_1)인 고깃가루는 타액 분비를 일으키기 위해 강제적으로 입속에 밀어 넣는 '자극'에 불과한 데 반해 쥐가 먹는 먹이(S_1)는 쥐가 손잡이 누르기를 하는 '보상'의 의미를 갖고 있다. 동기심리학에 해당시키면 '보상'은 쥐의 식욕이라는 '욕구를 죽이는' 플러스의 동기 부여를 일으키는 매체가 되는 것이다.

그러나 흥미로운 것은 이 플러스의 동기 부여를 일으키는 '보상'보다는 마이너스 보상이라고도 할 수 있는 '벌'에 의한 학습 쪽이 훨씬 빨리 조건화된다.

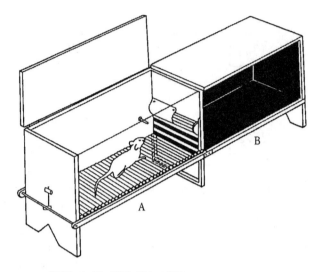

〈그림 4-6〉 회피 학습 장치(N. E. 밀러, 1948)

쥐와 공포의 흰 방

〈그림 4-6〉 같은 흰 상자 속에 쥐를 넣고 새로운 환경에 익숙하지 않은 쥐에게 바닥에서 전기쇼크를 준다. 쥐는 공포에 못 이겨 방뇨하고 어떻게든 공포의 흰 방에서 탈출하려고 방 안을 뛰어다니는 데 열중하고 있는 동안에 우연히 탈출 손잡이에 앞다리가 접촉되어 안전한 검은 방으로 탈출에 성공한다.

이러한 실험을 몇 번 되풀이하면 쥐는 흰 방에 넣기만 해도 공포에 질려 탈출하려고 하나, 이 전기쇼크라는 벌에 의한 회피 학습을 한 쥐가 먹이 등의 보상에 의한 학습보다 훨씬 빨리 조건화되고 또한 소거는 느리다는 특징이 있다. 바꾸어 말하면 공포라는 '동인을 축소'하려는 동기가 식욕 등의 욕구를 낮추기 위한 학습보다 훨씬 빠르게 조건화된다는 것이다.

동물이나 인간도 습격당해 생명에 관계될 만한 부상을 당한

〈표 4-7〉 파블로프의 고전적 조건화와 스키너의 도구적 조건화의 차이

고전적 조건화 리스폰던트-조건화 파블로프 개	수동적	S형 ‖ 자극 대치	선형 반응	보상 없음	욕구 저감
도구적 조건화 오퍼런트-조건화 스키너 쥐		R형 ‖ 매개 수단 (도구)	근육-중추 신경 반응	보상 또는 벌에 의한 학습	동인 축소

고통 체험은 마음속에 새겨져 일생 동안 소거할 수 없으며 또한 그때에 느낀 공포체험은 심적 외상이 되어 나중에 해결할 수 없는 신경증이 된다는 것이 정신분석의 원리이다.

생존경쟁이 치열한 야생동물에게 있어 자신이 먹힐 정도가 될 만큼의 근원적인 공포의 체험은 있을 수 없다. 태어난 직후의 원숭이 새끼에게 천적인 뱀을 보이면 생득성의 공포를 나타낸다고 하는데 이 공포의 원체험에 의해 동물은 도피 반응을 일으키며 이 위험에 대한 회피 학습은 1회로 확실하게 새겨지고 영원히 소거되지 않는다.

여기서 파블로프의 고전적 조건화와 스키너의 도구적 조건화의 2개 유형의 학습 차이를 〈표 4-7〉에 요약하니 비교하여 잘 기억해 두면 좋다.

학습 능률의 비밀

여기에서 말하는 학습이란 워드프로세싱이나 스포츠같이 주로 운동 근육계의 훈련에 관한 것이며, 순수한 지적인 학습에 대해서는 기억의 장에서 상세하게 설명하겠다.

학습의 촉진요인은

1. 학습 횟수가 많을수록 강화되고 소거하기 어렵다는 것이 당연한 원칙이다. '향상에는 왕도가 없다'이며, 가령 프로야구 선수도 평소에 배팅 연습을 열심히 하는 사람에게는 당할 수 없다.

그러나 서툰 코치에게 걸리면 잘못된 근육 학습만 몸에 배게 된다. 무리하게 자세를 교정받아 빛을 못 보고 사라진 황금의 알들이 얼마나 많았을까? 프로야구만이 아니고 골프 등에서도 바른 연습법을 가르치는 레슨프로가 적으므로 반드시 연습량과 향상이 플러스의 상관관계를 나타내지 않는 경우도 많다.

2. 다음은 학습 종료 직후에 주는 보수의 양이 너무 적어도, 너무 많아도 안 된다는 원칙이다. 쥐를 미로에 집어넣고 제대로 탈출하면 먹이를 주는 '미로 학습'을 할 때, 먹이의 양이 적으면 쥐는 도무지 할 생각을 일으키지 않으나 반대로 먹이양이 너무 많으면 쥐는 의기양양하여 재빨리 미로에서 나온다.

일반적으로 1회에 주는 먹이양은 많을수록 좋으나, 그렇다고 너무 많으면 배가 부르기 때문에 과제를 하려고 하지 않는다. 아이들에게 워드프로세싱 한 장을 치는 데 보수가 100원이라면 할 생각을 하지 않으나 1만 원으로 올리면 눈빛이 달라진다. 그러나 아이에게 너무 과분한 보수를 주면 금전의 고마움이 희박해져 근로의욕을 상실한다. 이 적당한 사탕의 양을 정하는 것이 경영자의 수완일 것이다.

3. 끝으로 과제 달성 후에 주는 '보상의 지연시간'의 원칙인데 이 지연시간이 짧은 쪽이 빨리 학습이 성립되고, 특히 30초 이상 지연하면 쥐는 과제 달성과 보수가 연결되지 않는다고 한다.

즉 상은 즉시 주어야만 효과가 있는 것이다. 무장들을 잘 다루었던 히데요시(豊臣秀吉)는 부하가 전장에서 공을 세우면 즉시 상으로 패도 등을 주었으므로 영주가에서 전래되는 배수(拜受)의 도검에는 가짜가 많다는 설이 있다. 그는 부하의 신바람을 유도하는 이 제3의 법칙을 잘 알고 있었기에 미리 명도인 마사무네(正宗)의 위조품을 몇 개씩이나 준비했던 것이다.

연속강화와 부분강화

그러나 흥미로운 것은 매번 조금씩 보상을 주는 '연속강화'보다는, 가끔씩 대량의 보수를 주는 '부분강화'로 학습한 쥐가 보다 소거되기 어렵다는 실험이 있다.

이 부분강화에도 손잡이 누르기가 어떤 횟수에 이르렀을 때 먹이를 주는 '정률강화'와 언제 먹이를 줄지 모르는 '부정률강화'가 있다.

쥐는 우연히 생긴 먹이의 맛을 잊을 수 없어 언제나 손잡이 누르기를 하는 것이다.

이것은 한 번 맞추어 크게 딴 일이 있는 경륜광이나 슬롯머신 등에 열중하는 인간의 사행심을 탐구하는 흥미 있는 실험이다.

그 밖에 손잡이 누르기의 횟수하고는 전혀 관계없이 일정한 시간이 되면 보수를 주는 '정시강화'가 있으나, 이것은 월급날

이 가까워지면 좀 일해 볼 생각이 나는 월급쟁이형의 강화법일 것이다.

또한 불시에 시의적절하게 손잡이를 눌렀을 때에만 보수를 주는 '부정시강화'가 있으나, 이것은 세월에 관계없이 대어를 낚으려고 낚싯줄을 내리고 있는 '강태공'의 심리와 공통되는 것이다.

이처럼 강화의 스케줄을 변화시키는 것으로 작업량이 변화하는 것은 어떤 작업을 한 후에 기분 좋은 체험이 수반할 때는 그 체험이 '강화요인'이 되어 행동이 반복되기 쉽게 하는 것을 시사한다.

학습의 억제요인(억제—저해요인)

최근에는 스포츠 세계에서도 맹연습으로 선수들을 달달 볶는 호랑이 감독은 인기가 없는 것 같으나, 분명히 연습시간에 정비례하여 기량이 향상되는 것만은 아니다.

이것은 피로 등 향상을 저해하는 마이너스 요인—'억제요인'이 작용하기 때문이다. 이 억제요인이란 것은 Inhibitory Factor를 번역한 것인데 별로 적절한 번역어가 아니다. 전쟁 전 클래식 레코드의 레이블에는 롯시니 작곡 『훔치는 까치서곡』 등의 직역이 있어 어이가 없었던 일이 있었는데, 생리학에서 Inhibition이라면 전기적 흥분의 억제—저해를 말하는 것으로 촉진의 Facilitation에 대응하는 용어이다. 그러나 일단 이러한 번역이 정착하면 별로 좋은 번역은 아니더라도 독자는 기억할 수밖에 없다.

워드프로세싱 등의 연습에서 세로축에 1분간 칠 수 있는 글

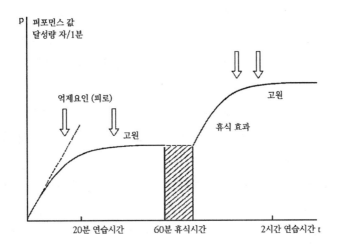

〈그림 4-8〉 학습곡선과 고원 현상

자 수(퍼포먼스 값)를 잡고, 가로축에 연습시간을 잡으면 억제요 인만 작용하지 않는다면 학습곡선은 일정비대로 직선으로 상승 하게 마련이다. 그러나 시간이 경과함에 따라 피로가 쌓여 아 무리 하여도 그 이상은 향상되지 않는 단계에 이른다. 이것을 학습곡선이 고원(Plateau)에 도달한 '고원 현상'이라고 부르는 데, 그때에 휴식을 취하게 하면 '휴식 효과'에 의해 학습곡선이 다음의 고원에 이르기까지 상승하는 것이다(그림 4-8).

집중 학습이 좋은가, 분산 학습이 좋은가

이 현상을 알면 해가 져서 공이 보이지 않을 때까지 피를 토 하고 지옥의 맹훈련을 하였다는 자이언트의 전설적인 시게바야 시데라(茂林寺)의 연습이 근성을 키우는 효과는 있어도 기술적 향상에는 아무런 쓸모도 없다는 것이 명백해진다.

또한 지루한 육상의 장거리 연습법도 인간 기관차라는 자토 페크처럼 고통으로 얼굴을 찌푸리면서 오직 트랙을 달리는 연습법에서, 디스코 사운드에 맞추어 가볍게 트랙을 뛰다가 때때로 전속력으로 달리는 '인터벌 주법'으로 달라지고 있다.

수업 등에서도 60분 연속의 '집중 학습'보다는 가령 15분마다 5분씩 휴식을 취하는 '분산 학습'을 할 때 '분산 효과'에 의해 훨씬 능률이 오른다는 것이 증명되었다.

인터벌 주법 등은 분산 학습의 응용이지만 자동차 학교의 연습 단위가 1~2시간으로 되어 있는 것은 전적으로 학교 경영상의 문제이며, 좀 더 집중 학습하는 쪽이 효과가 오를 터이다.

전이—플러스와 마이너스의 효과

그 밖에 선행 학습이 후속 학습에 미치는 영향이 있는데 이것을 '전이'라 하며, 이것에는 플러스의 전이와 마이너스의 전이가 있다.

양의 전이—플러스 효과

비특수적 전이　이것은 테니스나 수영 등을 하기 전 준비체조에서 볼 수 있는 예비운동 효과이다.

갑자기 과격한 운동을 하면 근육이 저리고 심한 경우에는 쥐가 나지만 예비운동을 하면 혈행도 좋아지고 이런 고장은 생기지 않는다.

그리고 인간은 정지 상태에서 갑자기 움직여 옮기는 것이 어려우므로, 훌륭한 선수가 강력한 서브를 받기 위해 제자리걸음을 하고 있는 것은 제자리걸음으로 미리 회로를 가온시켜 놓으므로 급격한 운동에 대응하는 '대비'를 하는 효과를 알고 있기 때문이다. 그러나 예비운동은 굳이 테니스에 한한 것이 아니고 모든 스포츠에 유효하므로 '비특수적 전이'라고 부른다.

특수적 전이 이것에 대해서 선행 학습이 후속 학습에 한하여 플러스로 작용하는 것을 '특수적 전이'라고 한다. 가령 영어를 마스터해 놓으면 독일어의 습득에 유리해진다든가 혹은 수학을 잘하는 사람은 물리도 잘한다는 효과이다. 이것은 선행 학습에서 얻은 지식이 후속 학습의 지식이나 사고법, 개념 등의 이해에 유용하다는 내용에 따른 영향이다. 운동에서 말하면 테니스 선수는 테이블 테니스라는 탁구도 잘하기 쉽다는 말일 것이다.

음의 전이—마이너스 효과

이것은 야구의 배팅과 골프의 스윙같이 비슷하지만 본질적으로 다른 운동의 경우이다.

TV에서 방영되는 프로야구선수의 골프 성적을 보면 투수는 깨끗한 스윙을 하는데 강타자라고 불리는 사람일수록 딱딱한 스윙을 하는 것 같다.

이것은 야구가 자신의 눈앞으로 가까워지는 비교적 큰 공을, 큰 배트로 순간적으로 가로로 휘둘러 치는 스포츠인 데 반해서 골프는 눈에서 가장 먼 지면에 정지한 작은 공을 작은 타구 면의 긴 클럽(골프채)을 사용하여 완만하게 세로로 흔드는 스윙으로 튕겨 날린다는, 전혀 이질적인 스포츠이기 때문이다.

또한 골프는 왼손 중심인 테니스의 백핸드 스트로크에 가까운 이미지이다. 이렇게 머리로는 이해하고 있지만, 막상 공을

'친다'는 순간에는 문득 배팅의 근육 작용이 되살아나 어느덧 오른손을 사용하게 되고 오른발에 중심이 남아 '옛날 대포'식 스타일 같은 어처구니없는 꼴이 되고 마는 것이다.

배팅을 별로 하지 않는 투수의 경우 피칭할 때에 사용하는 팔의 움직임이 골프 스윙에 가까우므로 멋있는 골프 폼이 된다 고는 하나, 사실은 우리들과 비교하면 운동신경도 각별하게 발달해 있고 또한 허리며 발이 모두 단련되어 있는 것이 프로에 뒤지지 않게 공을 날리는 이유일 것이다.

학습이론의 응용—프로그램 학습과 모양 갖추기

그러면 지금까지 배운 학습이론이 실제로는 어떻게 이용되고 있는 것일까?

프로그램 학습

스키너 박사 덕분에 최근 학교에서는 컴퓨터를 사용한 티칭 머신(CAT)이 사용되고 있으나 그 학습 프로그램은 학습이론에 기초하여 다음과 같이 설계되어 있다.

1. 스몰 스텝
아동에게 과제 달성의 쾌감을 맛보게 하여 학습 의욕을 높이기 위해서 쉬운 과제에서 조금씩 난이도를 높여 나간다.
2. 성과의 즉시 확인
해답의 ○×가 즉시 나타난다. 이것은 보상지연의 법칙을 응용한 것이다.
3. 자기 페이스로 할 수 있다.

이해가 느린 아이도 자기 페이스로 뒤떨어지는 일이 없이 학습할 수 있는 것이 최대의 이점일 것이다.

4. 힌트를 적게 하여 스스로 생각할 수 있는 부분을 많게 한다.

해답을 선택하기만 하는 ○×교육의 결함을 보충할 수 있도록 고안되었다.

모양 갖추기 이론—비둘기의 재주부리기

마술사 등은 비둘기를 사용하여 복잡한 재주부리기를 시키고 있는데 이것도 학습이론의 응용이다.

예를 들어 비둘기끼리 탁구를 하게 하는 재주부리기는 어떻게 훈련시키는 것일까?

우선 제1단계 훈련으로서 비둘기가 탁구공에 우연히 접근하였을 때만 먹이를 주면 비둘기는 공을 보면 가까워지게 된다. 제2단계로는 공에 접근한 비둘기가 공을 쪼았을 때에만 먹이를 주어 강화하고, 제3단계에는 일정 방향으로 쪼았을 때만 먹이를 주는 식으로 점차로 원하는 방향으로 유도하는 것을 학습의 '모양 갖추기'라 한다. 얼핏 복잡한 재주부리기도 이 '모양 갖추기' 이론에 의해 가능해진 것이다.

다음은 순수한 지적 학습인 기억에 대해서 생각하자.

기억과 망각

스포츠 연습과 같이 근육의 학습을 수반하지 않은, 학교 수업과 같은 지적인 학습은 다음의 두 과정으로 나뉜다.

A. 기억

통째로 외우는 것에 의한 정보의 축적 과정이다.

B. 이해—통합—통찰

지식을 통째로 외우는 데서 내용을 '이해'하고, 다음은 관련되는 지식을 정리 '통합'하여 그러한 것에서 공통 개념을 찾아내는 '통찰'의 단계인데, 통찰은 피타고라스가 그 정리를 발견하였을 때의 일화에서 '유레카' 체험이라고도 부른다.

우리들이 외국어를 습득한 경우 우선 제1외국어로 고교에서 영어단어를 통째로 외우는 A의 기계적 기억 과정을 거친다. 대학에서 제2외국어로 독일어를 마스터하여 B의 영어하고의 공통성을 '이해'한다. 이어서 라틴어계의 불어, 이탈리아어, 스페인어를 배우는 동안 그것들을 '통합' 정리해 공통 성분을 적출하여 '에스페란토'를 '창조'한 자멘호프의 천재, 또는 고대 헤브라이어에서 고심하여 로제타스톤의 상형문자를 해독한 상폴리옹의 '통찰'이 좋은 예일 것이다.

동물에 과연 인간과 같은 고도의 통찰이 생길 것인지는 의논의 여지가 있으나 침팬지가 복잡한 열쇠를 열고 탈출한 사건도 있으므로 유인원 같은 동물에는 상당히 복잡한 상황에서 통찰이 생기는 것은 부정할 수 없다.

B의 과정은 무척 흥미롭지만 지면 관계상 A의 기억에 한하여 공부하기로 하자.

기억의 억제요인—망각

운동계 학습의 억제요인은 피로였는데 지적 학습의 억제요인은 '망각'에 해당하므로 기억이라면 우선 에빙하우스의 망각곡선을 인용하게 된다.

에빙하우스의 망각곡선

철학생이던 헤르만 에빙하우스(1885)는 마침 파리의 고서점에서 발견한 페히너의 『정신물리학』을 읽고 그 과학적 정밀성에 완전히 감동해 분트가 배제한 '고차의 심적 과정' 해명에 관여하려고 결심하였다. 40세가 된 자기 자신을 피험자로 하여 한 푼의 실험 비용도 들이지 않고 실로 교묘한 실험 방법을 고안하였던 것이다.

그는 우선 무의미한 철자 13개를 기억하고 2회 연속하여 바르게 해답하는 데 소요된 연습시간 10분을 완전 학습 기준시간으로 하였다. 다음에 완전히 학습한 20분 후에 복창해 보니 어

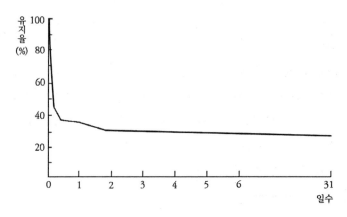

〈그림 4-9〉 H. 에빙하우스의 망각곡선(1885)

중간하게 외워 부정확하므로. 다시 2회 정확하게 복창할 수 있기까지 연습시간에 4.2분을 소요했다. 새로운 과제를 기억하는 데 소요한 시간은 10분이었으므로 5.8분을 절약한 셈이 되고, 20분 후의 기억유지율은 다음과 같이 된다.

기억률 = 5.8분 + 10분 × 100 = 58%

만일 망각이란 억제요인이 작용하지 않으면 연습시간은 0이 되지만 4.2분은 망각률이므로,

망각률 = 4.2분 + 10분 × 100 = 42%

인 셈이 된다. 에빙하우스는 재학습의 절약시간이란 실로 교묘한 발상으로 각 시간 후의 절약시간을 측정하여 유명한 망각곡선을 만들었다(그림 4-9).

이 기억의 유지곡선은 1920~30년대에 J. G. 젠킨스나 R. A. 데이비스에 의해 다른 각도에서 추시되었으나 망각곡선이

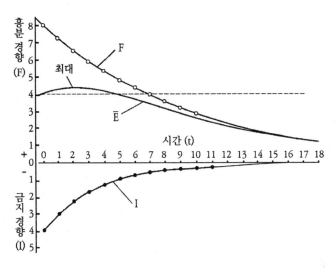

〈그림 4-10〉 레미니슨스를 설명하는 반응 퍼텐셜의 성쇠(C. L. 헐, 1940)

시간의 경과와 함께 대수곡선을 이루어 감퇴한다는 개념은 불변이다.

기억의 간섭이론

그러나 이러한 재생 실험을 할 경우, 외운 직후보다 오히려 잠시 지난 후에 재생시키는 쪽이 장기기억에 유리하다는 바라드-윌리엄즈의 실험이 있다.

바라드는 초등학생의 수업에서 3, 4행의 시를 기억시키고 수업 종료 직후에 재생시킨 아이들과 다음 날에 재생시킨 아이들의 7일 후 유지율을 비교하였더니 의외로 다음 날 재생시킨 아이들의 유지율이 좋다는 것을 발견하였다. 이 학습 직후부터 일정 시간 경과한 쪽의 재생률이 증가하는 현상을 기억의 '레미니슨스(Reminiscence)'라고 하는데, 이 지연은 왜 생기는 것일까?

C. L. 헐(1940)은 전기생리학의 간섭현상에서 그 이유를 설명하고 있다.

심장의 근육에도 대뇌의 피질에도 0점에 전기적인 흥분 E가 생기면 그것이 어느 방향으로 과급해 나간다. 그런데 작용과 반작용의 법칙에 의해 동시에 정반대 방향으로 억제작용 I가 작용하여 0점에는 플러스와 마이너스의 정반대 힘이 걸리게 된다. 다시 말하면 0점의 전기적 흥분도 E는 촉진요인 F에서 억제요인 I를 뺀 전위인 셈이 된다. 그런데 금지요인 I의 감퇴곡선은 촉진요인 F의 감퇴곡선보다 급커브로 감소하므로 양자의 합 E의 최댓값은 I의 값이 급속하게 낮아지는 수 시간 후가 된다(그림 4-10).

이것이 헐에 의한 레미니슨스의 설명이다.

역행억제와 순행억제

어떤 학습을 한 후에 다음 학습을 하면 앞의 학습기억이 방해되는 경우가 많은데, 이 현상을 '역행억제'라고 부른다. 이것은 시간의 경과와 함께 선행 학습이 망각될 뿐만 아니라 새로운 학습이 적극적으로 선행 학습의 재생을 방해(간섭)하고 있는 요소가 크기 때문이라고 생각된다. 이것에 반하여 선행 학습을 한 것으로 후속 학습의 기억이 방해되는 것을 시간적인 순서에서 '순행억제'라고 부르고 있다.

1940년대의 헐 간섭이론을 적용시키면 새로운 학습으로 흥분한 대뇌피질의 B점에서 전의 학습으로 흥분한 A점에 전기적 억제가 걸리는 것이 '역행억제', 또한 선행 학습으로 A점이 지나치게 전기적으로 과잉흥분하면 새로운 학습을 할 B점에 대한 억제가 너무 강해져 '순행억제'가 생긴다는 설명이 된다.

이 이론이 정확하다면 전의 학습기억을 방해하는 '역행억제'를 0으로 하기 위해서는 공부한 후에 바로 자는 '수면 학습'이 가장 기억을 잘하게 하는 방법이 된다.

'수면 학습'은 유리한가?

J. G. 젠킨스와 K. M. 다렌버크는 1924년에 무의미 철자를 기억시키고 바로 자게 한 수면군과 낮의 활동 시에 기억시킨 각성군의 재생률을 비교하였더니, 수면군이 단연 우수했다는 흥미 있는 실험을 이미 하고 있었다.

이것은 헐의 기억간섭이론을 보강하는 것같이 보이나 기억과 망각의 메커니즘은 그렇게 단순한 것일까?

선행 학습과 후속 학습은 간섭현상에 의해 마이너스로 작용할 뿐만 아니라 그 내용에 따라서는 서로 촉진적으로 작용하는 경우도 많다.

이것은 앞 절의 운동계 학습에서 배운 '전이'의 개념을 사용하면 역행억제는 학습의 부전이에 상당하므로 당연히 선행 학습과 후속 학습의 내용의 유사도에 따르게 된다.

후속 학습이 선행 학습과 매우 유사할 경우 선행 학습의 재생은 좋고 전혀 무관계한 내용이면 오히려 역행억제는 적어진다. 중간 정도의 유사도일 때가 재생에 가장 방해가 강하다는 스컷구스-로빈슨의 가설이 있다.

단기기억과 장기기억

그러나 기억 테스트에서 주로 문제가 되었던 것은 무의미 철자를 통째로 외우는 것 같은 '단기기억'이었고, 아무리 나이를 먹어도 잊지 않고 있는 영어단어 같은 '장기기억'이 아니다.

초밥집 주인이 손님의 계산이 끝나면 어떤 종류의 초밥을 몇 개 만들었는지 도무지 상기할 수 없는 것을 1장의 '게슈탈트 심리학의 탄생' 후반부에서 언급한 '자이가르니크 효과'라고 하는데 잊지 않으려는 정신적 긴장이 있는 동안만 유지되고, 문제가 해결되면 바로 잊게 되는 것 같은 기억이 '단기기억'이다.

영어단어 등도 처음에는 단기기억이지만 장기간 반복 재생하는 동안에 평생 잊을 수 없는 '장기기억'으로 변하는 것이다. 우리들에게 필요한 것은 이러한 장기기억이며 기억력이 좋은 사람이란 보다 많은 단기기억을 장기기억으로 바꿀 수 있는 사람을 말한다.

TV 등에 출연하는 '기억술'의 대가는 별로 의미가 없는 숫자의 나열 등을 단시간 유지하여 재생해 보이는 '단기기억'의 전문가이며, 제시된 숫자의 나열을 자신의 안방가구의 이미지와 결부시켜 기억하는 등 나름대로의 기억법을 갖고 있다.

그러면 시험 하루 전날 밤에 기억한 것은 어떻게 하면 생애의 기억으로 변할 수 있을까? 기억흔적이란 것이 우리들의 대뇌에 생기는 것일까? 또한 동물도 기억이 가능한 것일까?

인간과 가장 유사한 대뇌를 갖는 원숭이에게 좋아하는 바나나를 보이고 뚜껑을 씌운다. 그리고 막을 치고 잠시 있다가 뚜껑을 보이면 원숭이는 수 분간은 기억하고 있어 바나나를 집어내지만, 어느 정도 시간이 지나면 뚜껑 속에 바나나가 있다는

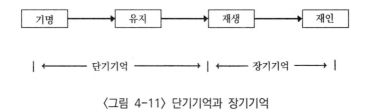

〈그림 4-11〉 단기기억과 장기기억

것을 잊어버리고 만다.

이 보관 반응을 가능하게 하는 것은 대뇌 속에서 가장 고급인 전두엽의 기능인데 원숭이의 전두엽은 별로 발달하지 않았으므로 몇 분이 한계이다.

연어가 방류된 강에 돌아오는 것은 고향의 강 냄새를 기억하고 있기 때문이며 다른 강의 물에 넣어도 반응하지 않는데, 고향 강물에 넣으면 뇌파상으로 분명한 반응이 나타난다. 그 연어의 뇌에서 RNA를 적출하여 다른 강의 연어 두뇌 속에 주사하면 RNA를 적출당한 연어의 고향 물에 반응한다는 실험을 교토대학의 오시마 기요시(大島淸)가 하고 있다.

원숭이도 연어도 모두 고등한 척추동물이지만 아주 원시적인 플라나리아에도 기억물질이 있다고 주장하는 미시간대학 매코넬의 실험이 있다.

플라나리아는 물에서 사는 하등한 동물이며 두부와 미부 두 개로 절단하여도 3, 4주에 각각 완전한 플라나리아로 재생한다. 매코넬은 이 플라나리아에 전기쇼크와 빛으로 도피 반응을 학습시킨 다음에 머리와 꼬리 2개로 절단하였다. 의외로 머리에서 재생한 플라나리아는 조건반사를 기억하고 있지 않고, 꼬리에서 재생한 플라나리아 쪽이 잘 기억하고 있다는 결과를 얻었다.

매코넬은 이것이 꼬리 부분은 단지 기억하기만 하는데 머리에는 기억을 소거하는 작용도 갖고 있기 때문이라고 설명하고 있다. 학자는 부정적인 실험 결과를 얻어도 체념하지 않고 교묘한 이유를 생각해 내는 것이다. 또한 매코넬은 훈련한 플라나리아를 훈련하지 않은 플라나리아에게 먹이면 학습을 이행한다는 실험도 하고 있다.

같은 실험을 쥐로 한 학자도 있는데 이 기억의 이행을 기억물질을 포함한 리보핵산(RNA)에 원인이 있다고 하는 학자와 RNA하고 관계가 없고 주사에 의해 생긴 스트레스 물질이 학습을 촉진시킨 것이라고 반론하는 학자가 있다.

이처럼 기억물질의 본체에 대해서는 아직 충분하게 해명되어 있지 않으나 이것을 전기생리학적으로 보면 어떨까?

뉴턴의 회로와 장기기억

마름모꼴을 한 신경세포에서 양쪽에 1개씩 축색이 늘어나 있는 것이 신경의 한 단위, 뉴런이다. 이 축색의 끝에는 수상돌기가 다음의 뉴런과 얽혀 연달아 연결하여 하나의 폐쇄회로를 이룬다. 그 회로에 전기적 흥분(임펄스)이 흘러 정보 전달이 이루어진다. 이 새로운 회로가 이루어지는 것이 학습이며, 잠시 이 회로에 전류를 계속 흐르게 하는 것이 단기기억의 과정이다.

가령 메모 없이 알려준 전화번호를 잊지 않으려고 입속에서 중얼거리면서 필사적으로 기억하려는 과정이 그것에 해당하며, 용무가 끝나 긴장이 풀린 순간 전화번호는 잊고 만다.

이것은 초밥집 주인에게서 보는 자이가르니크 효과와 같으나, 그 사람과 친해져 몇 번이고 다이얼을 돌리고 있는 동안에

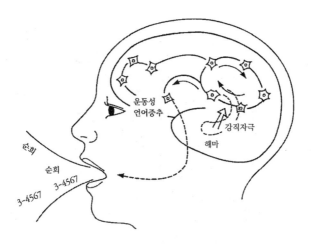

〈그림 4-12〉 단기기억의 뉴런회로설

일생 잊을 수 없는 장기기억으로 변하고 만다.

단기기억이란 140억이라는 이른바 대뇌의 뉴런 중 하나의 새로운 전기회로만을 선택하여 전류를 계속 흐르게 하는 과정이라 생각할 수 있으나, 이 회로 고정을 위해서는 대략 15분이 걸린다고 한다.

그렇게 말하는 까닭은 미로 학습을 시킨 생쥐에게 학습 종료 5분 후에 전기쇼크를 주면 학습 효과는 전혀 남지 않는데, 학습 종료 15분 후에 전기쇼크를 받은 생쥐에게는 제대로 학습 효과가 남아 있기 때문이다. 대뇌의 자기장을 강력하게 혼란시키는 전기쇼크는 이러한 기억 실험에 사용되는 일이 많다.

이 단기기억을 영속적인 장기기억으로 바꾸는 측두엽의 해마(海馬)라는 부분에서 "잊어버리마!"라는 강직적 전기자극이 10시간 이상이나 지속해서 발신되고 있다는 것이 하룻밤 동안 뇌파

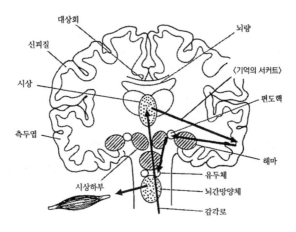

대상회 뇌량

신피질

〈기억의 서커트〉

시상

편도핵

측두엽

해마

유두체

시상하부 뇌간망양체

감각로

〈그림 4-13〉 기억 서킷

를 기록하는 '종야뇌파' 연구로 알려지게 되었다.

〈그림 4-13〉 같은 측두엽의 해마나 편도핵, 뇌간의 유두체를 연결하는 회로를 기억의 서킷이라고 부르며, 이러한 부위가 방해받으면 다음에 말하는 〈마음의 행로〉 같은 흥미 깊은 기억장애를 일으키게 된다.

기억의 화학물질을 전기생리학 입장에서 생각해 보면, 이처럼 몇 번이나 같은 회로에 전류를 계속 흐르게 하는 동안 단백질이 시냅스부에 정착하여 시냅스가 커지는 등의 변화가 생겨 영속적인 회로로 성장하는 것이 기억흔적이다. 장기기억으로의 변화라고 생각하면 이해하기 쉬울 것이다.

또한 바라드의 기억 레미니슨스 실험도 헐의 간섭이론으로 설명하기보다, 회로가 하룻밤 걸려 거의 고정된 다음 날에 다시 한 번 복창해 전류가 흐른 그룹 쪽이 보다 효과적으로 장기기억을 형성하기 쉽다고 생각하는 것이 이해하기 쉽다.

이 기억 고정에는 뇌의 온도도 관계하고 있어 뇌온이 10℃ 이하로 내려가면 상온 때의 3배가 걸리며, 감기에 걸려 고열을 내는 경우 등에는 전혀 고정되지 않는다. 이것은 동사 직전의 사람이나 고열이 계속된 사람이 그 기간의 일을 전혀 기억하고 있지 못하는 것으로 알 수 있을 것이다.

따라서 열이 있는데 무리해서 공부하기보다 일찍 자서 빨리 몸의 컨디션을 회복하는 것이 영리한 공부 방법이다.

특수한 기억장애

다음은 특수한 기억장애에 대하여 공부해 보자.

앞에서 말한 기억의 서킷 중, 뇌간부의 유두체가 장해를 받으면 '코르사코프 증후군'이라고 불리는 특이한 건망 상태가 생긴다. 이것은 기억력이 극단으로 나쁘고 지금 경험한 일을 바로 잊는다는 건망 외에 엉터리 말을 조작하여 그 기억의 결손을 충족시키려는 증상(작화증)과 자신이 지금 있는 장소와 시간을 정확하게 답할 수 없는 등의 증상이다.

'데이긴(帝銀) 사건'은 히라지와(平沢) 화백의 범행이라 하나 무고죄설도 유력하지만, 그가 광견병 예방주사 후유증으로 뇌가 손상되어 '코르사코프 증후군'에 걸려 있는 것만은 사실이다.

그 당시 인기가 있었던 〈마음의 행로〉라는 외국 영화가 있었다.

전차나 비행기 독가스 등의 근대적 살인 병기가 처음으로 등장한 1차 세계대전은 전쟁의 공포에 의해 많은 전시신경증을 낳았다.

전차에 쫓긴 공포에 의해 자기가 도대체 누구였는가를 전혀 회상할 수 없는(전건망) 영국군 장교가 육군 정신병원에 입원되었으나, 마침내 전승으로 들뜬 시가를 무료하게 거닐다 여행 중이었던 여배우에게 구출되어, 곧 결혼하고 작가 생활을 시작 한다. 여기까지가 심인성 건망증의 기간이다.

어느 지방신문 편집장으로부터 편지가 와서 호텔방을 잡고 신문사로 가던 도중에 자동차에 치어 머리를 크게 다쳤다. 그 쇼크로 두부외상성의 역행성 건망증이 생겨 여배우와 결혼한 심인성 건망 후의 생활기억이 완전히 사라진 대신, 그전의 기억 이 회복되었다. 그는 자신이 은행가의 아들이란 것을 생각해 내 고, 3년 만에 런던의 생가로 돌아가 곧 실업가로서 성공한다.

그러나 신문의 사교란에서 없어진 남편의 사진을 보고 찾아 온 아내를 보고도 전혀 생각해 낼 수가 없어, 그대로 비서가 되어 다시 아내가 된 여배우를 조마조마하게 한다는 것이 줄거 리인데 지성파 여배우의 대표였던 그리아 카슨의 주연으로 큰 인기를 얻었다.

이 영화가 너무 평판이 좋았기에 그 후 "나는 누구일까?"라 는 전건망의 사례가 나오면 〈마음의 행로〉라는 제목으로 보도 되었다.

교통사고 등으로 정신을 차리고 나서 사고를 일으키기 전 시 간대의 일을 이처럼 소급하여 생각해 낼 수 없는 것을 '역행성 건망'이라 한다. 외상이 심할수록 그 기간은 길어지며, 결국은 자신이 누구였는가 하는 전생활사까지 잊어버리는 것을 '전건 망'이라 한다.

머리를 부닥치면 기억 서킷의 해마나 편도핵, 유두체 등이 뇌저의 딱딱한 두개골에 마주치게 되므로 이 기억장애가 생기 는데 해마나 편도핵이 있는 측두엽은 정동의 자리인 대뇌변연계에 속하고 있으므로 심한 공포 등 정신적 쇼크에 의해서도 심인성 전건망이 생긴다. 얼마 전 프랑스의 정신병원에 수용되어 있던 젊은 일본인 여성이 겨우 신원을 생각해 내어 언니에게 인계되는 기사가 있었는데 여행 중에 생각하기도 싫은 심한 일을 당했을 것이다.

영화의 사례는 이 심인성 건망과 외상성 건망이 동일인에게 생겨 건망기가 바뀌는 드문 사례이지만 〈마음의 행로〉에는 사기병도 많으므로 조심해야 한다.

정신병원에 수용된 버그만이 율 브린너가 분하는 사기꾼에 의해 로마노프 왕조의 3녀로 만들어지는 동안에 너무나 닮았기에 본인도 주위 사람도 진짜인지 가짜인지 모르게 된다는 〈아나스타샤〉라는 영화가 있었다.

어느 날 필자에게 "나는 누구일까요"라는 40대 남자가 이끌려 왔다. 두 팔에는 게 문신이 있고, 어쩐지 항구의 언덕 위에 있는 큰 저택에 감금되어 있었던 것 같다고 하며, 가까이에서 교회 종소리가 들렸다고 말한다. 진찰하였더니 기억의 자리인 측두부에 수술 자국까지 있다. 하코다데(函館)나 고베(神戶)의 정신병원에 수용되어 있었는지, 마약 관계로 폭력단의 감시를 받고 있었는지, 즉시 하코다데나 고베의 정신병원에 전화를 걸어 도망친 환자가 없는지 조회하였으나 해당자는 없었다.

보건소 직원이 그의 신원을 알려고 그를 민방 TV 프로그램에 출연시키려고 하였더니, 먹고살 수 없게 된 사기 상습범으로 판명되었다. 쓸데없이 공연히 측두부에 수술 흔적이 있는데에 걸려든 것이 필자의 패인이었다.

그러나 진짜 건망 환자도 돌봐주는 주치의에게 갑자기 "그런데 당신은 누구였더라" 하는 식으로 말하는 엉뚱한 데가 있어 사기병과의 구별은 매우 어렵다.

기억력을 좋게 하는 방법

여기서 모처럼 기억의 심리학을 공부했으므로 요약으로 '기억력을 좋게 하는 방법'을 복습해 보기로 하자.

우선 일반적인 마음가짐으로는 수면을 충분히 취해 뇌의 활동을 좋게 하고 감기 등에 걸려 발열로 뇌온을 높이지 않도록 한다. 공부하는 환경을 좋게 하기 위해서 조용하고 방해받지 않는 방이 필요하며 항상 공부하기 쉬운 마음을 유지하기 위해서 유혹하러 오는 나쁜 친구는 피하고 학급 친구 중에서는 좋은 친구를 선택하여 항시 공부의 자극을 받는다. 또한 너무 도가 지나치면 욕구불만에서 노이로제가 되므로 적당한 기분전환이 필요하다.

지금까지 공부한 심리학적 방법에서의 기억 증진법을 말하면, 우선

① 학습의 동기 부여를 높이기 위해서 자신은 기억력이 좋으니 반드시 외울 수 있다고 플러스의 자기암시를 하는 것이다. 기억력이 나쁜 사람은 자신은 어차피 머리가 나쁘다고 하여 마이너스의 자기암시를 하니 학습 효과가 오르지 않는다. 또한 자신이 흥미를 갖고 조사한 일을 잊지 않으므로 평소부터 호기심이 왕성하고 지식욕이 강한 사람이 '만물박사'가 되는 것이다.

② 다음은 지식이 조금이라도 불확실하게 되면 바로 다시 조사하여 확실하게 외우는 것이다. 불확실한 채로는 기억이 고정되지 않으며 자신의 기억력에 대해서도 자신을 가질 수 없게

된다.

③ 기억의 만족스러운 유형에도 여러 가지가 있으므로 시각형이면 그림을 이용하거나 청각형이면 테이프로 외운다. 따라서 영어단어를 외우는 경우라도 입으로 발음하면서 손으로 철자를 쓰는 것 같이 많은 감각자극을 조합하면 그만큼 외우기 쉽다.

④ 다음은 하룻밤의 공부를 장기기억으로 만들려면 망각의 법칙을 응용하는 것이다. 우선 단기기억의 회로를 고정하기 위해서는 반복이 필요하며 최저 4회, 가능하면 7회 이상 철자를 반복하여 써본다. 또한 고정에 15분이 필요하였으므로 20분 후에 재생해 보는 분산기억법이 유효하다. 또한 역행억제를 0으로 하기 위해 공부가 끝나면 바로 자고, 머리 체조에 필요하다고 하여 너무 재미있는 TV 프로그램 등은 보지 않도록 한다.

그날 밤은 해마에서 "잊지 마!"라는 강직자극이 계속되어 장기기억으로의 변화를 도와주고 있으니 다음 날 아침에 지난밤의 학습 내용을 복습하는 것은 기억 강화에 대단히 유효하다.

이렇게 하여 에빙하우스의 망각곡선에서 망각률이 높은 마디마다 재생하여 보강하는 것이 요령이다. 기억은 2~3일 후 3분의 1, 2주간 후에 4분의 1로 감퇴하나 3개월 후에 외우고 있는 것은 장기기억이 되므로 2~3일 후와 1주일 후에 복습하는 것이 효과적이다. 또한 3개월 후에도 때때로 재생하여 확인하는 노력이 필요하다.

⑤ 다음은 통째로 외우는 능력은 7세를 정점으로 하여 약해지나 논리적 기억력은 나이를 먹어도 줄지 않고 게다가 논리를 더듬어 재생할 수 있다. 따라서 무엇인가 이유를 붙여서 단순

기억을 논리적 기억으로 바꾸는 것이다.

예를 들어 영어는 저네덜란드어이며 독일어와 같은 계열이다. 발음 관계에서 영어의 D는 독일어에서 T로 변한다. 독일어의 Traum은, 즉 영어의 Dream과 같은 어원인 걸 안다면 중학에서 고교에 걸쳐 축적한 영어의 지식이 활용된다.

모리 오가이(森鷗外)는 처음에 난방의(蘭方醫)였던 부친에게서 네덜란드어의 기초를 배우고 수험 시절에 영어를 배웠으므로 도쿄대학 의학부 시절부터 독일어에 고생하는 일 없이 동급생을 따돌리고 쉽게 지낼 수 있었다. 이것은 오가이가 3개 국어의 지식을 비교언어학적으로 정리, 정돈하여 외웠기 때문이다.

이처럼 2개 이상으로 관련시켜 기억하면 한쪽은 잊어버려도 다른 한쪽에서 재생된다. 또한 개념화란 것은 최고 수준의 정보처리법이다. 수학과 물리학, 화학 등 자연과학의 개념이나 정리에는 공통성이 있고 심리학과 정신의학, 사회학의 개념에도 차이가 많으므로 어떤 개념을 잘 마스터해 두고, 이것은 다른 분야의 어느 학설과 공통성이 있는가, 평소부터 개념의 정리를 해두는 것은 학습 효과를 높인다.

⑥ 의사가 ○○증후군이라 불리는 복잡한 증상을 극명하게 기억하고 있는 것은 한때 담당했던 환자의 얼굴과 함께 증상이나 검사 결과를 분명하게 상기할 수 있기 때문이다. 책으로 외운 지식은 잊기 쉬우나 실습 체험은 몸에 배니 여름방학 동안에 지망하는 현장에서 실제로 체험을 하게 되면 더욱더 학습 효과가 높아질 것이다.

5장 무의식의 세계

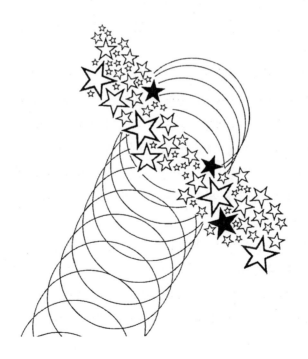

정신분석과 최면술

정신분석학의 시조 S. 프로이트는 처음에는 최면요법을 사용했으나 이치에 까다로운 프로이트에게는 어쩐지 최면술이 싫었던 모양이고, 최면요법을 떠나 자유연상법이란 기법을 생각해 냈다.

프로이트가 심리요법을 시작한 19세기 말의 비엔나에서는 빅토리아 왕조 시대의 엄격한 성도덕이 지배하고 있었으므로 욕구불만에서부터 여러 가지 흥미 깊은 증상을 일으키는 히스테리 환자가 많았다.

그러나 더욱 계율이 엄격한 수도원의 젊은 수녀 사이에서는 17, 18세기 이래 자주 집단 히스테리가 생기게 되었다. 그중에서도 프랑스의 루단 사건(1634)이나 낸시의 악마 붙기(1622)가 유명하다.

폴란드의 이색 영화 〈수녀 요안나〉에는 악마에 쓰인 젊은 원장의 꾐에 빠져 히죽히죽 천하고 음란한 웃음을 띠면서 기묘한 손놀림으로 미쳐 춤추는 젊은 수녀들이 나온다. 젊은 여성의 성욕을 죄라고 하여 억압해야만 하는 수녀원에서는 집단 속에서 한 사람의 착란자가 나오면 즉시 전원이 감응하여 춤추고 날뛰며 황홀 상태가 된다. 평소에 억눌려 있던 리비도(성욕)의 해방이 생겼던 것이다.

이 춤추는 수녀들의 이야기는 『오늘밤 이야기』에도 나오는데 예부터 욕구불만 여성이 일으키는 신경증 치료는 이집트나 그리스 시대부터 신관이나 승려, 기도사의 주술적 치료에 맡겨졌으며, 지금으로 보면 최면술적인 색채가 짙은 것이었다.

이 주술을 처음으로 근대에 재등장시켜 최면술의 시조가 된 것이 프로이트로부터 약 100년 전 파리에 등장한 비엔나의 의사 안톤 메스머였다.

메스머는 1810년, '동물자기'를 발하는 '만유액체'로 여러 가지 병을 치료할 수 있다고 공언하여 프랑스어에서 말하는 '바케(통)'에 의해 욕구불만에 괴로워하는 여성의 집단 히스테리를 만들어냈다.

그 치료는 다음과 같은 것이었다.

치료를 받는 여성들은 창문을 닫아 어두컴컴한 큰 방으로 끌려 들어간다. 방의 한가운데에는 유리와 철 조각을 혼합한 것 위에 정체를 알 수 없는 액체를 채운 유리병을 여러 층으로 쌓아 놓고, 그것을 물에 담근 큰 상자가 놓여 있다. 상자 뚜껑에서 그 물속에 들어박힌 철봉이 뻗어나 있다. 여성들은 그 막대기를 손으로 만지고, 다른 통에서 나와 있는 줄로 몸을 묶는 어마어마한 무대장치이다.

보기만 해도 카리스마적인 용모의 메스머가 엄숙한 모양으로 자신의 몸에서 자기를 흐르게 하고 있다는 신호를 하면 미리 바케에 비축되어 있던 자기와 합류하여 여성 환자들의 체내에 격류가 생겨 신비적인 감각이 일어난다.

목격자의 기록에 의하면 "눈이 얼빠진 모양이 되고, 머리가 돌고, 떨고, 울고, 웃고, 외치고, 신음하고…… 경련을 일으키는 자가 속출한다……"고 한다. 마치 집단 히스테리의 실험이며, 미쳐 날뛰다 상처를 입지 않도록 미리 방바닥 등은 알맞게 고안되어 있다고 한다.

이 메스머의 동물자기설은 18세기 말 유럽에서 메스머리즘이라 불리는 센세이션을 일으켜 동시대 모차르트의 희가극 『코시 판 돗테』 속에도 '메스머 박사의 자석'이란 엉터리 요법이 등장 한다.

아바론의 야생아 때와 같이 즉시 파리 아카데미협회는 메스 머 자기조사위원회를 결성하고, 그 위원장에 마침 주불대사로 파리에 있던 벤자민 프랭클린을 임명하였다. 피뢰침의 발견자 로서 유명한 프랭클린이 당시는 아직 성질이 알려져 있지 않은 전자기파의 권위자로서 선정되었던 것이다.

이 위원회의 조사에 의해 메스머가 주장하는 '만유액체', 즉 바케 속의 액체에는 자기 등이 함유되어 있지 않고 상상에 불 과하다는 것이 증명되었으므로 메스머는 즉시 '사기꾼' 취급을 받고 비엔나에 돌아와 상심하다 얼마 안 있어 죽고 말았다.

그러나 메스머의 치료 본질은 통 속 '만유자기'에 있었던 것 이 아니고 그 어마어마한 무대장치에 의해 만들어지는 자기가 몸속으로 들어온다는 '암시' 쪽에 있었던 것이다.

어쨌든 말에 의한 암시에 의해 신경증이 치료되는 것을 처음 으로 증명해 보인 것이 메스머이며 오늘날에는 최면술의 시조 로서 평가받고 있다.

샤르코와 프로이트

최면술에는 흥망성쇠가 격심하여 메스머부터 반세기 이상 지 난 1880년경부터 프랑스 동부의 거리, 낸시 의학대학 교수인 베른하임은 리에보와 공동으로 최면을 사용한 치료를 시작하여 낸시학파라고 불렸다. 또한 유명한 신경과 의사였던 샤르코도 파리의 사르페토리에르 병원의 히스테리 환자에게 열심히 최면

〈사진 5-1〉 제자들에게 강의 중인 샤르코. 오른쪽 최면술에 걸려 있는 여성
은 유명한 '히스테리의 여왕'

요법을 하여 유럽 의학계에 최면요법이 유행하였다.

비엔나대학의 강사였던 프로이트도 1885년부터 1년간 샤르
코 문하에 유학하고 귀국하고부터는 선배 격인 브로이에르와
공동으로 최면요법을 시작하였다.

당시는 신경계에 장애가 없는데 원인 불명의 실성이나 실보,
실명, 지각탈실, 심지어는 간질같이 보이는 경련 발작 등 다양
한 증상을 일으키는 히스테리 환자가 많아 진짜 신경질환과 구
별할 수 없어 샤르코 같은 신경과의가 치료를 하고 있었다.

최근에는 활모양으로 뒤로 휘어지는 히스테리의 경련 발작은
볼 수 없게 되었다. 사르페토리에르 병원에 이 대발작을 일으
키는 환자가 많았던 것은 샤르코가 각국에서 유학 온 의사들
앞에서 최면 치료의 시범을 하고 희한한 발작을 일으키는 환자
를 귀여워하였으므로 환자는 모두 샤르코의 마음에 들려고 다
투어 발작을 일으켰다는 설이 있다. 이것도 집단 히스테리의
일종이라고나 할까?

프로이트가 갖고 온 강의 중인 샤르코 사진에는 '히스테리의 여왕'으로 유명했던 브랑슈라는 젊은 여성 환자가 찍혀 있다. 나치에 의한 의사당 방화사건을 예언하여 히틀러에게 죽은 예언자 하누세도 전에는 1차 세계대전 중의 전쟁신경증 환자였다. 하누세는 최면을 사용하여 그를 치료한 어떤 정신과 교수의 오랜 임상강의용 환자였다.

유럽 유명 교수의 임상강의는 일종의 공개쇼이므로 마음에 드는 환자와 교수 사이에는 기술(奇術)의 조수와 술자 같은 심리적 관계가 존재하고 있었을 것이다.

최면의 메커니즘과 그 기법

여기서 최면의 원리나 기법에 대하여 간단히 설명하자.

우리들의 의식에는 하의식, 전의식 혹은 잠재의식이라 불리는 무의식의 영역이 크게 펼쳐져 있어 의식의 수준이 낮아지면 시소같이 하의식 부분이 떠올라, 겉으로 보기에는 잠자고 있는 것같이 보이지만 주위는 확실하게 보이거나 들리기도 한다. 또한 주의가 집중되어 술자의 명령에 복종하기 쉽다는, 의식 수준의 저하와 의식 영역의 협착(狹窄), 피암시성 앙진(被暗示性昂進)이란 특징을 갖는 최면 상태가 되는 것이다.

이 최면에 걸리기 쉬운 것은 여성이나 아이, 남자는 자기현시욕이 강한 탤런트 같은 유형으로 IQ는 오히려 높을수록 좋다고 한다. 반대로 걸리기 어려운 것은 '백치인가 천재인가'라는 말을 듣기 쉬운 개성이 강한 사람이다.

최면술의 도입법 ①—급속도입법

최면 상태에 도입하는 데는 권위적인 방법을 사용하여 순간 최면으로 넣는 급속도입법이 있다. 마술쇼크 등으로 무대에 오른 사람을 일순간에 최면 상태의 강직증으로 '인간 다리'를 만들어 보이는 경우가 있는데, 그 요령은 관중 속에서 최면에 걸리기 쉬울 것 같은 사람, 내심 걸어 주었으면 하는 얼굴을 하고 있는 사람을 찾아내는 것이다.

또한 아이의 눈앞에서 갑자기 접시를 깨고 놀라 할 때 재빨리 술자의 눈을 바라보게 하고 움츠리는 기합술 비슷한 도입법도 있다. 그러나 터번 같은 것으로 인도 수행자 모양을 하는 연출보다는 관중을 최면에 걸리게 할 정도인 술자의 카리스마성이 요구된다.

최면술의 도입법 ②—느린 도입법

다음은 플리커(Flicker)의 왕복운동을 바라보게 하는 등 단조로운 자극의 반복에 의한 비지런스(주의력) 저하를 이용하는 도입법으로 비교적 누구나 할 수 있는 도입법이다.

의시법   촛불이나 플리커를 응시하게 하는 방법이 많으나 집시점의 소도구처럼 무엇이 그려져 있는지 알 수 없는 의미가 있음직한 작은 문양의 벽걸이나, 이 속에 당신의 미래가 보인다는 암시와 함께 내보이는 유리구슬 등이 있다.

수의 역창법   불면증 치료의 하나로, 눈을 감고 눈앞을 가로지르는 상상의 양의 수를 헤아리라는 것이 있는데 100부터 역창을 명하는 것도 좋은 도입법이다. 수의 순서가 혼돈스러울 때 의식 수준의 저하를 알고 다음 단계로 유도할 수 있다.

회전법 눈을 감게 하고 몸을 몇 번 회전시키면 평형감각이 이상해져 점차로 의식 수준이 저하하게 된다. 춤추는 종교 등에서는 빙빙 돌고 있는 동안에 희열 상태가 되며, 디스코를 추는 젊은이들의 황홀도 회전운동에 의한 부분이 크다.

최면술의 기술

최면술의 도사라고 불리는 사람은 이상의 도입법을 교묘하게 섞어가면서 효율적으로 최면 상태를 유도한다.

예를 들면 마릴린 먼로의 시술을 도맡았다는 레크론은 경계하는 피험자에게 우선 아무렇지도 않은 듯이 말을 걸어 안심감을 주고, 신뢰관계를 만들고, 꾸준히 술자의 눈을 응시하도록 한다. 다음에 수의 역창을 명하고 그 순서가 혼돈스러울 때를 보아 가만히 양어깨에 손을 놓고 조용히 피험자의 몸을 회전시킨다. 이것은 위의 세 방법의 교묘한 조합이며, 저항 없이 술자의 손바닥 위에서 마음대로 돌릴 수 있을 정도가 되면 초기 도입에 성공한 증거이므로 다음에 암시어를 주어 최면 상태를 보다 깊게 한다.

다음과 같은 순서가 통상 잘 쓰이는 방법이다.

"눈꺼풀이 매우 무거워졌습니다. 도저히 열 수 없을 정도입니다. 자, 눈을 감읍시다" 하며 3단 논법으로 자연스럽게 눈을 감게 한다. 다음에 "점점, 점점, 몸의 힘이 빠지기 시작합니다. 계속, 계속 느긋한 편안한 기분이 되었습니다. 당신은 매우 기분 좋은 상태" 하며, 이때 의자에 앉게 한다.

다음은 "양손, 양발의 무게를 느낄 것입니다. 양손, 양발이 점점, 점점 무겁게 됩니다. 계속, 계속 무겁게 됩니다. 자, 그리

고 오른손이 점점, 점점 위로 올라갑니다. 그렇습니다. 계속, 계속 위로 올라갑니다." 이 암시로 정말 손이 올라가게 된다면 성공적이며 피검자의 피암시성이 꽤 높아졌다는 증거이다.

여기가 클라이맥스이므로 점차로 어세를 높여 "정말로 위로 올라왔다. 계속, 계속 올라왔다. 자아, 올라왔다. 이마까지 올라 왔다. 이마에 꼭 붙어 떨어지지 않아요.", "붙어서 떨어지지 않아요. 네에!" 하고 기압을 넣으면 뜻대로 '최면성 트랜스'로 유도가 성공한 셈이 된다.

처음에는 최면성 트랜스도 얕고 술자의 지시에 아무렇게나 따르는 것이 아니지만 최면의 횟수가 겹쳐지는 동안에 최면 심도가 깊어져 '연령 퇴행'의 암시도 가능해진다.

이것은 최면치료에 흔히 이용되는 수법이지만 우선 시계가 보인다는 암시로 시계의 환각을 보여주고 다음에 시곗바늘이 거꾸로 돌고 있다는 암시를 주어 피험자를 과거로 유도하여 억제되었던 정신적 외상 체험을 탐색하는 것이다.

그러나 중년의 여성에게 갑자기 5세 아이같이 행동하라는 암시를 주면 이런 큰 폭의 연령 퇴행이 제대로 일어날 리가 없다. 쉬운 수년 전의 퇴행부터 점차 최면의 횟수를 거듭하여, 어느 정도의 저연령까지 퇴행이 성공하는가는 피험자의 감수성과 신뢰관계를 포함한 술자의 실력에 달려 있다.

레크론은 병원, 털이 돋아난 손, 나이프 등을 보면 원인불명의 천식 발작을 일으키는 중년 여성이 여러 시일 동안 퇴행을 깊게 하여 마침 1.5세가 되었을 때, 돌연히 라이트에 비춰져 수술대에 앉혀지고 작은 칼을 든 흰 가운의 남자가 나타났다. 그리고 곁에서 손에 털이 난 팔이 다가와서 덥석 그녀를 잡아당기니 정신을 잃었다는 충격적인 장면이 되살아났다는 사례를 들고 있다. 그러나 필자의 유아 기억의 상한을 생각해 보아도 4세에 이를 뽑았을 때까지밖에 소급할 수 없으므로 레크론의 이야기도 성급히 믿기는 어렵다.

이처럼 외상 체험을 구명하면 그때의 감정을 충분히 방출시키며, 깨면 그 감정의 일부를 잊어버리는 '후최면 암시'를 주는 수법이 흔히 사용된다. 예를 들면 말더듬이에게 술술 말할 수 있는가, 부끄러움이나 공포가 덜해지는가, 다이어트 환자에게 케이크가 싫어지게 된다든가 하는 암시를 주는 것이 최면요법으로 흔히 쓰는 방법이다.

"깨어나서 바로 테이블 위에 자신의 구두를 놓았는데, 어째서 그런 짓을 하였는지 생각할 수 없다" 등의 암시는 범인 심문에 잘 쓰인다. 매우 강렬한 인상이었는지 모파상의 『흐르라』에서 이 이상한 최면 실험이 등장한다. 그러나 피험자도 자신에게 불이익인 암시에는 반응하지 않으므로 옛날 탐정소설에 나오는 후최면 암시를 악용한 절도나 살인은 실제로는 불가능하다.

"지금부터 수를 10까지 세겠는데, 3까지 오면 자연히 깹니다. 3, 2, 1, 자!" 하고 기합을 넣고 아직 약간 멍해 있는 피험자의 어깨에 손을 얹고 "자, 깨어났지요, 매우 기분이 좋지요" 하고 미리 주어둔 각성 후 좋은 기분의 후최면 암시를 확인, 강화하는 것도 중요하다.

최면요법은 이렇게 몇 번의 시술로 효과를 낼 수 있는 즉효성이 매력이지만 신경증의 완고한 증상이 이런 과잉 스트레스의 암시로 깨끗하게 소실될 리도 없다. 또한 감정 발산에 의한 증상 개선에도 한계가 있다. 게다가 어떻게 치료되었는가에 대한 이론적 뒷받침도 불가능하므로 최면요법에는 권위적인 속임수 같은 인상이 수반된다. 이것이 의학계에서 최면요법을 아직도 어느 정도는 색안경으로 보는 이유이다. 프로이트가 최면요법을 버리고 정신분석요법을 창시한 것은 실은 다른 이유가 있었다.

정신분석학

안나 O의 증례

안나 O는 프로이트의 공동연구자 브로이에르가 치료하고 있었던, 본명은 베르타 팟펜하임이라는 21세의 머리가 좋은 상류층 여성이다. 젊은 그녀는 병든 아버지의 간호에만 전력하다 보니 마치 수녀 같은 금욕적 생활을 하고 있었으나, 곧 원인불

S. 프로이트

명의 기침과 섭식 장해가 생겨 브로이에르의 왕진을 받게 되었다. 그동안에 그녀는 실로 기묘한 증상에 괴로워하였다.

더운 여름인데도 물이 든 컵을 입에 대려고 하면 충동적으로 입에서 떨어뜨리고 수 초간 실신한다. 할 수 없이 과일로 갈증을 이럭저럭 해결하는 것이다. 그런 증상이 6주 동안 계속되었을 때, 그녀는 최면 상태에서 다음과 같은 일을 회상하였다.

6주일 전에 그녀가 영국인 여성 가정교사 방을 찾아가 잡담을 하고 있을 때, 그 가정교사의 애견인 스코티시 테리어가 테이블 위에 뛰어올라 주인의 컵에서 물을 먹었다. 결벽성의 그녀에게는 참기 어려운 경박한 사건이었으나 상류사회 출신인 그녀로서는 그 불쾌한 기분을 도저히 표현할 수 없어 억압하고 말았다. 그녀는 사람이 바뀐 듯한 경박한 말로 가정교사의 악담을 터트리고는 "물을 마시고 싶다"며 다량의 물을 마시고 컵을 입에 댄 채로 최면 상태에서 깨어났다. 프로이트는 이 브로이에르의 증례에 흥미를 가졌다. 히스테리의 해결할 수 없는 증상에는 정신적 외상 체험이 있고 그때의 감정 에너지가 억압되어서 분노로 생겨나는 것이다. 따라서 억압되어 망각된 외상 체험을 상기시켜 그때의 감정에 분출구를 만들어 주면 언뜻 보기에 해결될 수 없을 것 같은 증상이 소실한다는 정신분석요법의 원리를 발견하였다.

최면은 이 억압되었던 외상 체험을 상기하고 감정 방출을 시도하는 수단이었으나 프로이트는 어떤 이유로 최면을 포기하게 되었다.

이 베르타처럼 친부모에게도 말할 수 없는 마음의 비밀을 털어 놓고 있는 동안에 환자는 주치의에 대해 점차 친밀한, 마치 연인을 대하는 것 같은 감정을 품게 된다. 이것을 정신분석에서는 '감정전이'라고 부르나 한편 치료자도 이것에 반응하여 애증 어느 쪽인가의 '역전이'가 생기게 된다. 베르타는 부친의 나이에 가까운 프로이트에 대해 우선 부친에게 품고 있었던 바람직한 감정의 전이가 생기고 그것이 연애전이로 발전해 나갔을 것이다.

한편 브로이에르도 영리하고 '연구의 보고'라고 부르고 있던 그녀의 치료에 열중하는 동안에 마음에 드는 환자 이상의 감정을 갖게 되어 결국에는 부인이 질투까지 하게 되었다. 그래서 브로이에르는 베르타의 증상이 진정되었을 때, 치료를 중단한다고 말했다. 그런데 브로이에르는 그날 밤 또다시 그녀의 집에 불려가게 되었다.

왕진해 보니 베르타는 히스테리성 흥분 상태에 있고 상상임신상의 '브로이에르의 아기'를 출산하고 있는 도중이었다. 당시 비엔나 상류사회의 가정의로서 유명했던 브로이에르는 황급히 그녀를 최면으로 진정시키고 다음 날 아침 급하게 아내와 '제2의 신혼여행'으로 2년간이나 비엔나를 떠나지 않을 수 없었다.

브로이에르는 이 사건에 지쳐 정신요법을 완전히 포기하고 말았다. 한편, 프로이트는 최면요법 상태의 부인에게 끌어안겨 어이없기도 하였으나 치료자에 전이된 이 감정이야말로 분석의 대상이 되어야 할 요점이라 하여 회피하지 않고 맞서서 정신분석 연구를 추진해 나갔다.

프로이트가 최면을 포기한 것은 최면에 걸리기 어려운 환자도 있고, 걸어도 효과가 불확실하다는 이유도 있으나, 진정한 이유는 최면 중에 환자가 엉뚱한 행동을 취할 때 이것을 조절하는 것이 어렵기 때문이었다. 정신분석에서도 베르타 같은 감정전이에 의한 '행동화'가 생기나, 사전에 예측할 수 있으므로 대처할 수 있다. 첫째로 논리적인 프로이트는 카리스마성이 요구되는 최면이 질색이었고, 논리적으로 환자를 조작할 수 있는 정신분석이 취향에 맞았던 것이다.

프로이트가 최면요법 대신에 개발한 '자유연상법'이란 것은 다음과 같은 방법이다.

환자는 진찰실의 침대식 긴 의자에 편안하게 누워 있고 얼굴을 맞대지 않도록 머리 뒤쪽에 앉은 분석의에게 어떤 어리석고 하찮은 일이라도 머릿속에 떠오르는 생각을 모두 말하게 한다. 이런 상황을 설정하면 억압이 해제되어 마음속의 곪은 것이 터져 밖으로 자유롭게 흘러나오기 쉽다. 프로이트는 치료의 요점이라고 여긴 생각에 대해 환자의 자유로운 연상을 구하여 그 상처를 찾았다.

알고 있겠지만 프로이트의 자유연상법도 그 당시의 정신의학이나 심리학회의 주류였던 연상심리학의 영향을 받고 있다. 정신분열병이란 용어를 만든 스위스의 정신의학자 E. 블로일러도 분열병의 기본적인 증상이 사고가 둔해지고, 요약되지 않는 '연상의 이완'이라고 생각하고 있었다.

현재의 정신분석 면접은 침대식 의자를 사용하는 고전적인 자유연상법을 고수하는 곳이 적고, 보통 대면하여 말을 주고받는 '대면식 면접법(Face to Face)'인 경우가 많다. 또한 될 수 있는 한 치료 기간을 짧게 하도록 프로이트의 고전적 면접법에 새로운 고안을 가하고 있다.

실수 행위와 꿈 판단—초기의 학설

프로이트가 인간의 의식에 펼쳐지는 광대한 무의식 영역에 처음으로 정신분석 탐구를 하기 시작한 것은 우리들이 흔히 지나치고 있는 아무것도 아닌 일상 행동상의 실수 행위와 그때까지 황당무계한 것으로 보았던 꿈의 숨겨진 의미를 밝히는 것이었다.

실수 행위

우리들은 친구에게 빌린 돈을 갚을 생각을 하고 있다. 상의를 바꿔 입은 것을 깜빡해서 지갑을 잊기도 한다. 프로이트는 이것을 '빌린 돈을 갚고 싶지 않다'는 잠재의식이 있기 때문에 생기는 실수 행위라고 해석하였다. 그렇다면 무심하게 있다 참석치 못한 친구의 결혼식은 가고 싶지 않은 잠재의식이 있었기 때문이며, 경쟁자의 장례식에서 긴장한 나머지 "오늘은 매우 경사스러운 날이어서"라고 잘못 말하는 것은 경쟁자의 죽음을 기뻐하는 잠재의식이 있기 때문이라고 해석해야 한다. 프로이트의 학설은 마음의 뒷면을 파헤치는 것이라 하여 처음에 세인의 비난을 받았으나 프로이트는 본인이 완고하게 부정할수록 죄의식의 강한 억압이 있는 증거라고 생각해 자신의 설을 양보하지 않았다.

『산시로(三四郎)』는 한때 대학생에게 인기가 있었던 나쓰메 소세키(夏目漱石)의 청춘소설로서 주인공인 산시로는 소세키의 분신이기도 하다. 여주인공의 모델은 재원으로 칭송받았던 오즈카(大塚楠捕子) 양이다. 내성적인 소세키는 오즈카 양과 장래에 대한 묵계가 있다고 생각하였으나 아무런 의사표시도 하지 못하는 사이에 친구인 고야(小屋保治)에게 빼앗기고 말았다.

쇼크를 받은 소세키는 두 사람의 결혼식 3개월 후에 돌연히 이유 없이 시골 마쓰야마(松山)로 낙향하여 『도련님』을 집필한다. 소세키가 영국 유학에서 귀국한 후부터는 다시 그 부부와 교제하게 되었다. 이때쯤 친구 스가(管)에게 보낸 편지에 "오즈카의 3녀(고야는 오즈카 가에 양자로 들어갔다)가 병으로 죽었다. 나는 위로 차 잉어를 보냈다가 웃음거리가 되었다"고 적은 것은 자신의 마음을 알면서도 배반한 오즈카 양(소설에서는 무의식의 위선자라고 되어 있다)과 연인을 빼앗은 친구의 결혼을 저주하는 잠재의식에 의한 실수 행위가 아닐까?

물론 이러한 동기가 바로 드러날 만한 단순한 실수 행위만이 아니고, 동기가 복잡하고 확실하지 않은 실수 행위로서 프로이트는 '찾은 분실물'이란 어느 중년 신사의 사례를 들고 있다.

그 신사는 별거 중인 아내가 선물로 보낸 책을 분실하고 도저히 찾지 못하고 있었다. 사이가 나빠진 것은 고부간의 갈등 때문이다. 그 어머니가 병에 걸렸을 때, 뜻밖에도 아내가 성심성의로 간병하여 감사하는 마음이 되었던 밤에 집에 돌아와 평소에는 열지 않던 서랍 속에 그 책이 있는 것을 발견하였다. 어머니에 대한 효심이 지극한 신사에게는 아내를 책망할 마음이 있어 그는 잠시 아내의 상징인 그 책을 서랍 속에 넣어 두고 내심으로는 잊은 것같이 애썼던 것이다.

이 밖에 '전조로서의 실수 행위'가 있다. 갓 결혼한 아내가 함께 가던 여동생에게 저쪽에서 걸어오는 남편을 마치 타인과 같이 "어머, L 씨가 걸어오고 있어"라고 말해 놀라게 하였다. 이 부부는 수년 후에 이혼하였다고 한다.

아내는 결혼하고 나서 남편에게 실망하고 내심으로는 약혼 이전의 관계로 되돌아갔으면 하는 잠재의식이 있었으므로 이혼의 전조로서 이런 실수 행위가 나타났을 것이다.

이러한 해석을 하면 결혼식 시간을 잊고 있거나, 신혼여행 중에 결혼반지를 분실하거나, 결혼 후에도 자주 무심히 옛 성을 쓰기도 하는 아내는 그 결혼을 후회하는 잠재의식이 있다고 의심받게 된다.

꿈 판단

상고 시대에 꿈 점은 국정을 결정하는 중요한 판단자료였다. 7마리의 여윈 양이 앞에 나타난 7마리의 살찐 양을 잡아먹는 꿈을 꾼 이집트 왕이 신관의 꿈 점에 의해 풍작 뒤의 기근에 대비하였다는 이야기는 유명하다. 그리스의 에피다우로스 신전에도, 사람들이 자신의 병을 먹어주는 뱀의 꿈을 꾸기 위해 모였다. 『사이큐닛키(更級日記)』에도 꿈의 계시를 받기 위해 '두문불출기도'가 나오는데 유메도노(夢殿)의 명칭도 쇼도쿠다이시(聖德太子)를 위한 두문불출기도당에서 유래하고 있다.

근세에 이르러서야 무가치한 것으로 여겨져 관심을 갖지 않았던 꿈을 복권시킨 것이 프로이트의 「꿈 판단」 논문이다.

프로이트는 5년 이상이나 간직하고 있던 이 논문이 제일 마음에 들었던 것 같다. 그의 진료소가 있었던 베르크가세 19번지 아파트 한 방에는, 앞으로 '프로이트 박사가 꿈의 비밀을 밝힌 것은 이 방이다'라는 장식 액자가 걸리게 될 것이 틀림없을 것이라고, 프리스에게 쓴 편지가 걸려 있다.

그런데 그의 절대적인 자신에도 불구하고 이 책은 전혀 팔리지 않았다. 상징화의 장은 후에 제자인 슈테케르의 연구도 포함시켜 추가했던 것이다.

프로이트는 꿈이 주간에 이룰 수 없었던 원망(願望)의 충족몽이라고 생각하였다.

아이들은 낮에 먹고 싶었던 케이크를 배불리 먹었다는 등의 단순한 '원망 충족몽'을 본다. 벽 전체가 커스터드이며 문이 커다란 초콜릿인 『헨젤과 그레텔』의 과자집은 꿈과 동화는 뿌리가 같다는 융의 해석에 의하면 만성적인 기아에 고생하고 사탕 같은 것은 절대로 먹을 수 없었던 시대의 어린이다운 원망 충족몽인 셈이다. 프로이트도 꿈 해석 자료에 동화나 신화, 전해 내려오는 말 등을 이용하고 있다.

어른도 화장실이 더러워서 좀처럼 볼일을 볼 수 없는 꿈을 꾸는데 이것은 충만한 방광의 내장 자극이 꿈으로 반영된 원망 충족몽이다.

그러나 성적 원망의 충족몽은 세간의 도덕이나 수치심도 있으므로 얼핏 보아서는 앞뒤가 맞지 않는 꿈으로 왜곡되고 만다.

예를 들어 젊은 아가씨가 총검으로 찔린 꿈을 꾸었다고 하자. 뾰족한 물체가 체내에 꽂힌다는 행위는 틀림없이 성행위가 왜곡된 것인데 동시에 그런 경박한 일을 생각하였다는 것으로 벌을 받는 행위기도 하다.

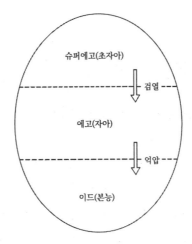

〈그림 5-1〉 프로이트에 의한 자아의 3중 구조

　프로이트는 이처럼 꿈을 왜곡, 가공하는 메커니즘에서 정신분석학의 중요 개념 중 하나인 자아의 3중 구조론을 유도하였다.

자아의 3중 구조론

　프로이트에 의하면 우리들 의식의 최하층에 있는 것이 본능에 근거한 '이드'이고, 이드가 제작한 방자한 성몽 장면을 검열하여 삭제하거나 초점을 흐리게 하는 영화윤리위원회 역할을 하는 최상층 파트가 슈퍼에고(초자아), 즉 양심이다. 이 초자아와 본능 사이를 조절하고 있는 중간층이 에고(자아)이므로 너무 초자아가 강하면 자아가 왕성한 성욕 사이 틈에 끼어 신경증이 되는 것이다(〈그림 5-1〉 참조).

　이 자아의 3중 구조설은 동기심리학의 프러스트레이션 이론과도 관계가 있는 중요한 개념이다.

꿈 해석의 공식

초자아는 성욕이나 증오, 복수, 죽음의 염원 등 세상의 양식이나 도덕상 용서받을 수 없는 부분을 왜곡, 가공한다. 그 수단에 다음과 같은 네 가지 방법이 있다.

① **생략**　일련의 연속 중에서 용서될 수 없는 부분만이 커트되어 있다. 예를 들면 내심 경쟁 상대인 동생의 죽음을 원하고 있는 아이의 꿈에서 동생의 장례식 부분만 커트되고, 동생의 방과 장난감을 자유롭게 사용하고 있는 꿈으로 이어져 있는 등.

② **압축**　형편이 나쁜 장례식 장면은 무엇인지 알 수 없는 한 장면으로 압축되고 동생 장난감인 전기기관차 장면이 강조되어 나온다.

③ **전이**　악센트의 이동으로, 커트된 장례식의 전 단계인 동생과 놀거나 병원으로 병문안 갔던 장면 등이 길게 이어져 형제애의 꿈이 된다.

④ **상징화**　이상은 비교적 알기 쉬운 꿈 분석의 공식이지만, 실제의 꿈이 얼핏 지리멸렬하고 해석 불능으로 보이는 것은 자아가 이 '상징화(Symbolization)'라는 교묘한 수단으로 초자아의 검열을 피하기 때문이다. 프로이트는 많은 사람의 꿈을 분석하는 동안에 꿈이 몇 가지 유형으로 분류되는 것을 발견하였다. 그 유형 간의 공통점을 신화나 민화, 소화(小話), 민간전승 등과 비교하여 이 상징에 잠재되어 있는 꿈의 의미를 찾아내었다.

프로이트가 고심한 암호표는 다음과 같다.

양친(왕과 왕비), 동포(작은 동물, 해충), 탄생(물속으로의 추락), 죽음(여행, 철도여행), 남성(모자, 넥타이, 뱀), 여성(달팽이, 조개, 흰 집, 리넨), 페니스(스틱, 양산, 암놈, 창, 연필), 발기(기구, 비행기),

여성성기(공동, 병, 상자, 통, 주머니, 풍
경, 마당, 보석상자, 구두), 음문(미닫이,
문, 입, 교회), 자궁(선반, 화로, 방), 유
방, 궁둥이(사과, 복숭아, 과일), 음모(숲,
초목이 무성한 곳), 성교(댄스, 승마, 등
산, 무기에 의한 협박, 차에 친다), 자위
(활보, 비상).

나쓰메 소세키

　해당한다고 생각되는 것도 많으나,
19세기 말의 비엔나답다고, 시대와 나
라의 차이를 느끼게 하는 기이한 것도
있다.

　상징화란 것은 예술상에서도 당국의 검열을 피하기 위해 자
주 쓰이는 수법이다. 구매자의 잠재적 요구를 부채질하기 위해
정신분석학의 성의 상징이 TV의 CM에 잘 이용되고 있다.

　여기에 프로이트의 암호표를 기초로 소세키의 『몽십야(夢十
夜)』의 「쇼타로의 꿈」을 해독해 보자.

　이 꿈을 융류로 해석한 학자도 있으나 프로이트의 상징공식
쪽이 보다 적절한 것 같다.

　독자 중에는 픽션일지도 모르는 『몽십야』를 분석하는 것은
난센스라고 생각하는 사람도 있을 것이다. 『몽십야』에 나오는
색의 분포가 정상인의 꿈색 통계하고 거의 일치하는 것으로 보
아 이 소품은 소세키가 진짜로 꾼 꿈을 제목으로 하였다고 고
증되어 있다.

「쇼타로의 꿈」을 분석한다

쇼타로는 동네에서 제일가는 호남아로 언제나 애용하는 파나마모자를 쓰고 저녁때가 되면 과일가게 앞에서 빈들거리며 지나가는 여자의 얼굴을 바라보고 있다.

어느 날 저녁, 옷을 잘 입은 미인이 가게 앞에 서서 큰 과일바구니를 사려고 했다. 쇼타로는 "바구니를 들어드리겠습니다" 하고 여자를 따라갔으나 그 이후로는 돌아오지 않았다. 7일째 되는 밤에 돌아온 쇼타로는 열이 나서 잠들어 버렸다. 쇼타로가 겐 서방에게 이야기한 것은 다음과 같은 말이었다.

쇼타로는 여자를 따라 전차를 타고, 산에 가서, 넓은 들로 갔다. 여자와 함께 풀밭을 걸어가니 갑자기 절벽의 하늘가에 왔다. 여자는 여기에서 뛰라고 한다. 깊은 골짜기이므로 쇼타로는 파나마모자를 벗고 여러 번 거절하였다. 여자는 뛰어내리지 않으면 쇼타로가 제일 싫어하는 돼지가 핥도록 하겠으니 좋으냐고 말한다. 돼지가 꿀꿀거리며 계속 나타나고, 쇼타로가 막대기로 치니 간단히 골짜기로 떨어지는데 7일째는 힘이 모자라 드디어 돼지에게 핥기고 말았다. 이 말을 전한 겐 서방에 의하면 쇼타로는 살 수 없겠지만 파나마모자는 겐 서방의 것이 될 거라 한다.

쇼타로는 소세키의 분신이며, 이 꿈은 의심할 바 없이 소세키의 바람둥이 원망을 나타내고 있다.

소세키는 여성에 대해서는 언제나 우유부단하여 행동적이 될 수 없는 성격이었다. 『산시로』의 여주인공으로 등장하는 재색겸비한 오즈카 양에게 마음을 두면서도 아무런 의사표시도 못하고 있는 동안에 친구에게 빼앗기고 말았다. 교코(鏡子) 부인도 소세키에게는 이상의 여성이 있었던 것 같으며 자신은 사랑받지 못한 아내라고 괴로워하고 있었다. 유명 작가가 되고 나서부터는 신상 이야기를 듣고 소설의 재료로 써달라고 여관으로 유인하는 유부녀도 때때로 있었던 모양인데 소세키는 바람둥이 기질을 극복하지 못했다.

쇼타로는 그러한 소세키의 성격을 잘 나타내고 있다. 그러면 여기에서 앞의 상징공식으로 꿈을 해독하면—어느 날, 소세키는 큰 과일바구니(유방과 엉덩이)를 든 사람의 유혹을 받았다. 넓은 들(풍경=여성 성기)이 나타나, 여자는 골짜기에 뛰어내리라(난폭한 체험=성교)고 위협했다. 그러나 소세키는 모처럼의 호의를 거절하였으므로 여자는 화를 내고, 당신 같은 용기 없는 사람은 돼지에게 핥기라(막대기로 돼지의 코를 친다=옛 아내와의 성교)는 욕설을 듣고, 파나마모자(남성으로서의 면목)를 잃었다—는 것이 된다.

불륜이 판을 치는 요즘과는 달리, 간통죄까지 있었던 전쟁 전에는 유부녀하고 바람을 피우는 것은 대단한 용기가 필요했다. 아쿠다가와 류노스케도 이러한 유혹에 걸려, 그 죄책감으로 노이로제에 걸렸다고도 한다.

이처럼 프로이트는 성욕(리비도)을 중시하였으므로 정신분석은 범성욕론이란 세간의 불평을 얻었다. 특히 천사라고 여겨지고 있었던 아이의 성욕을 탐구하였다. 다음의 「소아성욕론」은 보수적인 유럽 의학계에서 오랫동안 정신분석을 받아들이지 않게 만들었다.

성욕의 발달—퇴행과 고착점

구순기와 구순애적 성격

엄마의 젖을 문 아기는 제법 만족스러운 웃는 얼굴로 새근새근 잠들어 있으나 프로이트에 의하면 출생에서 1세 반까지 유아성애의 만족 부위는 식욕을 충족시키는 구순부이다. 이 발달기에 충분하게 구순애를 만족할 수 없으면, 성인이 되어 심한 좌절을 체험하는 것 같은 경우에 이 고착점까지 퇴행하는 '구순애적 성격(口脣愛的 性格)'이 되기 쉽다는 이론이다.

어느 시대에도 '육아서'는 어쩐지 문제를 일으키는데, 옛날식 의사인 필자의 부친은 첫 아이인 필자에게 수유시간을 엄격하게 지키게 하였다. 1분이라도 수유시간이 지나면 울어대는 아기를 억지로 유방에서 떼어낸 모양인데, 필자의 게걸스러운 먹음새는 그 때문인지 모른다.

도쿠가와 공작을 스폰서로 일본의 최초 미식가 클럽을 만든 기타오지 로산진(北大路魯山人)은 어머니의 유방도 만져 보지 못하고 남의 집으로 보내진 불우한 아이였다. 알코올 중독으로 사망한 천재 작가 에드거 앨런 포도 3세에 생모와 사별하고 마더 콤플렉스가 있고 응석이 심한 의존적 성격이 되었다. 알코올 중독은 싫은 일이 생기면 술로 도피하므로 이를 구순기의 퇴행으로 생각하는 학자도 있다.

항문기와 항문애적 성격

2세에서 4세까지의 유아에게는 배변을 조절하는 항문이 성애를 만족시키는 부위가 된다. 유아에게 있어 모친이 원할 때 배

설하는 변은 최고의 '선물'이며 나중에 금전으로서 의식하게 된
다. 지나치게 엄격한 배변 훈련 등에 의해 이 정신적 발달기에
고착점이 생기면 나중에 이르러 성격에 무거운 왜곡이 생겨
'항문애적 성격'이 형성된다.

   꼼꼼하고 째째하게 잔일에 마음을 쓰고 금전욕이 강한 인색
가이며 어쩐지 남에게 기분 나쁜 인상을 주는 '강박적 성격'은
문자 그대로 강박신경증이 되기 쉽다. 개에게 억지로 분변을
파내게 한 욕심쟁이 영감은 이 항문애적 성격으로 분변은, 즉
금전의 상징이란 조잡한 해석은 정신분석이 처음으로 일본에
소개되었을 즈음에는 세력을 미치고 있었다.

   『아마쓰기 이야기(雨月物語)』를 쓴 우에다 슈세이(上田秋成)도
생모를 모르는 얻어 키운 아이였다. 그는 옆으로 기는 게의 별
명인 '무초(無腸)'를 호로 했을 정도로 심술궂은 성격이었는데,
기껏해야 약속시간에 늦은 정도의 일로 할복하여 혼백이 만나
러 오는 『국화의 맺음(菊花の約)』은 이해하기 어려운 소설이다.
그러나 슈세이가 항문애적 성격 경향이 있었다고 생각하면 그
의문도 풀린다. 국화는 '키쿠자(菊座)', 즉 항문의 별명이며 장까
지 잘라 약속을 지키는 주인공의 이름은 '아키아나 소우에몬(赤
穴宗右衛門)'이라고 하지 않는가? 슈세이는 이 두 가지를 기본어
로 하여 신비스러운 소설을 쓰고는 땅속에서 미소 짓고 있는지
모른다.

전성기와 오이디푸스 콤플렉스

   성애가 구순이나 항문이란 기관에서 떠나 성기로 이행하는
12세까지의 사이를 전성기기 혹은 잠복기라고 한다. 이 기의

소아가 경과하는 갈등의 하나가 너무나도 유명한 오이디푸스 콤플렉스이다. 흔히 말하는 마더 콤플렉스이며 남자아이가 이성인 어머니에게 애착하는 나머지 라이벌이며 동성인 아버지를 미워하고, 그 죄악감으로 고민하는 갈등이다.

장래 부왕을 죽인다는 불길한 신탁 때문에 태어나자 바로 버려진 왕자 오이디푸스가 성인이 되어, 황야에서 조우한 부왕을 아버지인 줄 모르고 신탁대로 죽인다. 다음에 국민을 괴롭히는 괴물을 퇴치한 오이디푸스는 환영을 받으며 입성하여 실은 왕비가 어머니인 것을 모르고 결혼하였다. 나라에 재앙이 잇달아 생기는 것에서 신탁을 들은 오이디푸스는 모든 것을 알고 자신의 눈을 파내어 죄의 자식인 딸들과 함께 광야를 헤맨다는 그리스 신화에서 유래한다.

딸이 이성인 부친에게 애착하는 나머지 동성인 어머니를 미워하는 것을 엘렉트라 콤플렉스라고 한다. 이것도 트로이전쟁의 영웅인 아가멤논을 정부와 공모하여 암살한 친어머니를 처단한 왕녀 엘렉트라의 전설에 근거하고 있다.

프로이트가 이런 학설을 발상한 것은 프로이트 자신이 오이디푸스 콤플렉스 덩어리였기 때문이라고 E. 프롬은 주장하고 있다. 여기서 프로이트가 자란 과정을 되돌아보기로 하자.

프로이트의 아버지는 유태인 상인이었으나 40세일 때, 아직 19세였던 프로이트의 어머니와 재혼하여 다음 해 프로이트가 태어났다. 첫 아이인 프로이트는 젊은 어머니의 애정과 기대 속에 자라 3세 때 일가는 비엔나로 이주하였다. 그의 공부가 방해되지 않도록 누이동생의 피아노까지 봉인되는 특별대우에 고등학교를 수석으로 졸업하고 17세로 비엔나대학의 의대생이

되었다.

졸업 후는 생리학 연구실에 들어가 사강사 자격까지 땄으나 일가의 생계를 지탱하기 위해서 비엔나 시내 한구석에 정신분석진료소를 개업하였다. 그 후 82세로 나치에 쫓겨 런던에 망명할 때까지 거기에서 여러 가지 논문을 썼다.

프로이트가 철이 들었을 때 이미 결혼하여 아이까지 있는 큰형이 있었으며 프로이트와 동복인 5명의 누이동생과 2명의 남동생이 연이어 태어났다. 프로이트의 자기분석에 의하면 그는 2, 3세 때쯤에 자주 양친의 침실에 들어가 정력이 넘치는 아버지의 노여움을 샀다. 또한 프로이트가 1세 반일 때, 8개월이 된 동생이 죽었는데 독점하고 있던 어머니의 유방을 뺏는 라이벌의 사망을 기뻐하는 기분이 있어 자책하는 마음을 갖고 있었다고 회상하고 있다.

이 동생에 대한 갈등을 '동포 갈등'-카인 콤플렉스라 하며 아동심리학에서도 일반적인 개념이다. 프로이트는 괴테의 유소아기 회상록에 있는 몹시 화가 나서 창밖으로 접시를 여러 개 내던져 깨뜨렸다는 이야기에 대해, 그것은 괴테에게 동생이 태어나 어머니의 사랑을 빼앗겨 재미없게 되었던 4세 때의 일이며, 이 동생이 곧 죽어 어머니의 사랑을 독점한 것이 괴테의 천재성을 개발시킨 원인의 정신적 에너지라고 평하고 있다.

두 사람의 천재에 비교할 생각은 아니지만 4세였던 필자에게도 1년 아래인 동생이 있었는데 폐렴으로 사망하였으나 동생의 장례식 때에 이상하게 떠들고 싶은 마음을 참으면서 슬픈 듯한 표정을 지었던 기억이 있다.

프로이트에 의하면 "어머니의 마음에 든 아들은 일생 동안 자신은 성공한다는 확신을 갖고 있으므로 흔히 진짜 성공을 하게 되는 원인이 된다"고 한다. 사람은 자기 속에 전혀 존재하지 않는 생각을 타인의 관찰에서 생각해 낼 수는 없다. 프로이트는 어머니의 전폭적인 기대를 받고 있었으므로 어머니와의 일체감에 안주하려고 하는 오이디푸스 원망이나 카인 콤플렉스를 가졌을 것이다.

남근기―성기기

12세쯤 되면 생식기에 관심이 생긴다. 여아의 경우는 남근의 결손으로서 의식되고, 거기에서 남근 선망과 남성에 대한 열등감이 심어진다고 한다. 프로이트는 최근의 여권 투사가 들으면 죽이려 할지도 모를 여성 경시 학설을 주장하였다.

거기에는 여성이 가정에 박혀 있던 19세기 말의 사회적 배경과 가장제도가 강한 유태인 가정에서 자란 프로이트의 생육 과정을 고려할 필요가 있다. 어떤 대학자라도 그가 자란 가정

배경이나 시대하고 무관할 수는 없다.

프로이트의 대담한 학설은 지금에는 일반 상식이 되어 있으나 빅토리아 왕조 시대의 엄격한 사회적 도덕을 흔드는 것으로 보수적인 유럽에서는 정신분석이 오랫동안 받아들여지지 않는 원인이 되었다.

자아와 방어 메커니즘—프로이트 후기의 학설

사람에게는 자존심이란 것이 있다. 그러므로 자존심을 심하게 상하게 하면, 손이 닿지 않는 곳에 있는 포도 열매가 시다고 억지 핑계를 대는 이솝 이야기 속 여우같이 무엇인가 자기 자신에 대한 변명을 생각하여 자아를 지킨다. 이 심리 메커니즘이 자아의 방어 메커니즘이다. 프로이트의 막내딸이며 아동 분석의 창시자가 된 안나 프로이트나 그 제자인 에릭슨 등 자아심리학자의 보완에 의해 완성을 보게 된 정신분석 후기의 학설이다.

비엔나를 사랑했던 프로이트는 나치의 압박에도 견디며 비엔나에 머물고 있었으나 프로이트의 집에도 돌격대가 밀어닥쳐 안나가 연행되고 위험하게도 수용소에 보내질 사태가 되었다. 1938년, 결국은 애제자 존즈의 권유를 받아들여 런던으로 망명하였다. 런던에서는 방어 메커니즘 논문에 전념하고 있었으나 거의 16년 전부터 투병생활을 계속하던 상악암이 악화되어 망명 다음 해인 83세로 생애를 마쳤다.

방어 메커니즘의 종류

프로이트 제자들의 추가도 있어, 방어 메커니즘에는 여러 가지 분류가 있으므로 필자가 중요한 방어 메커니즘만 알기 쉽게 요약해 보았다.

A 적극적 적응형의 방어 메커니즘

방어 메커니즘이란 '그것을 의식화하면 불쾌, 죄악감, 수치 등의 불안을 일으킬 것 같은 원망이나 갈등을 무의식 속에 억압하거나 혹은 치환하려는 자아의 작용'인데 이 메커니즘 속에도 정상인이 자주 사용하는 건전하고 적극적인 적응형의 것과 신경증이나 정신병자가 사용하는 소극적이며 신경증적인 방어 메커니즘이 있다.

1. 승화

괴테나 베토벤 등의 예술가가 실연의 상처를 걸작을 낳는 것으로 달래는 것처럼 본능적 욕구를 성적 만족 이외의 사회적 가치가 높은 것으로 바꾸는 적응 메커니즘이다. 자아의 만족도가 가장 높은 것으로 문화, 예술, 학문의 기초 동기가 된다.

2. 지성화

마찬가지로 본능적 욕구를 일시 억압하고 그것을 논리적 사고 등의 지적활동으로 대치하는 지성화는 청년기의 가장 중요한 방어 메커니즘이다. 인텔리가 흔히 행동력이 부족한 것은 이 때문이다.

B 소극적 적응형에서 신경증적인 부적응형의 방어 메커니즘

승화나 지성화에 비하면 소극적이기는 하나 일반적으로 잘 쓰이고 있어 일단은 적응형으로 생각되는 범위의 메커니즘이다.

3. 동일화

라이벌로 끼어든 아기인 동생을 학대하다 어머니에게 꾸중을 들은 어린 언니는 이번에는 어머니 흉내를 내면서 아기를 돌본다. 이것을 동일화 과정이라 하며 사춘기 소녀가 자신을 우상과 동일시하는 심리도 같은 것이다. 그러나 자신이 이상으로 여기는 인물에게 사숙하여 그 사람의 언동을 흉내 내는 동일화 과정에 이르면 청년기의 정신적 발달에 불가결한 적응적인 방어 메커니즘이 된다.

4. 반동 형성

지나치게 점잖은 태도를 취하는 사람은 자신의 강한 공격성을 숨기기 위해 정반대의 태도를 취하는 일이 있다. 즉 무의식 중에 "자신은 이렇게 저자세를 취하고 있는데 만일에 자신에게 공격적인 태도를 취하게 한다면 그것은 전부가 너의 책임인 거야"라고 말하고 있는 것이다. 친구의 실연을 과도하게 동정하는 여자 친구도 상대의 실패를 기뻐하는 기분의 반동 형성이라면 어딘지 부자연스러운 억지 춘향이 나타나는 것이다.

그러나 자신의 결점을 숨기고 사회적으로 시인되는 태도에 대한 수정을 하게 되는 이 반동 형성은 소극적이지만 적응도가 높은 방어 메커니즘이다.

5. 억압

생각하기조차 고통스러운 정신적 외상 체험이 있으면 이 억압이라는 방어 메커니즘이 작용하여 그 외상 체험을 망각하여 상기할 수 없게 한다.

실수 행위로 나타나는 동안은 정상 범위지만 안나 O와 같은 히스테리 증상을 형성하면 충분한 신경증상의 방어 메커니즘이 된다. 자존심을 상하게 하는 것은 회피, 도피하는 패턴의 방어 메커니즘이다.

C 정신병적인 부적응형의 방어 메커니즘

억압과 같은 신경증형의 방어 메커니즘까지는 보통 사람에게는 이럭저럭 이해될 수 있으나 이것은 정신병 환자의 망상같이 도저히 이해할 수 없는 이상한 방어 메커니즘이다.

6. 부정

어린아이가 자기가 한 장난이 아니라고 완강하게 주장하는 일이 있는데, 그는 진실로 그렇게 생각하고 있는 것이다. 이러한 부인이 성인이 되어도 남는다면 그것은 정신병적 방어이다. 히치콕의 공포 영화 〈사이코〉에서 안소니 퍼킨스가 죽은 어머니가 된 양으로 "그 살인은 아들이 한 짓이야, 정말 나쁜 아이여서" 하며 중얼거리는 으스스한 마지막 장면을 연기하고 있는데, 이것은 정신병적인 부정의 방어 메커니즘이다.

7. 투영

자신의 내부에 있다고 인정하면 고통이나 죄악감이 생길 것 같은 욕망이나 감정 등을 일단 억압하고, 그것을 타인이 갖고 있다고 인칭 역전하는 방어 메커니즘으로서 피해망상이나 피해망상을 해결하는 열쇠이다. 필자에게 온 중년의 미망인으로부터 주치의가 이상한 눈으로 보기 때문이라고 고백받은 일이 있는데, 이것은 먼저 주치의에게 연애 전이가 생기고 자신의 연애감정이 두려워서 연애 감정의 주체를 그 주치의에게 투영한 것이라 본다.

이 중년 여성은 아직 확고한 연애 망상으로 발전하고 있지는 않았으나 정신과 의사가 여성 환자의 연애 망상 대상이 되어 어려움을 겪는 일이 있다. 또한 여학생으로부터 성적 피해를 받았다고 호소하는 교사 중에도 때로는 이 투영에 의한 피해자 도 있으므로 친밀한 관계가 되기 쉬운 직업인은 여러 가지 언동에 세심한 주의를 기울일 필요가 있다.

슈레버의 증례

프로이트는 슈레버의 자서전에서 보는 피해망상을 이 투영의 공식으로 해석하였다.

슈레버는 자서전에서 편집광이라고 진단된 고등법관인데 주치의인 프레키지히 박사에게 피해망상을 갖게 되었다. 프로이트는 이 피해망상을 슈레버가 주치의에게 동성애적 감정전이를 일으켜, 그것이 역전하여 주치의에 대한 피해망상이 되었다고 해석한다.

프로이트의 설명에 의하면 "나는 그를 사랑한다"의 동성애 감정이 억압되어, 일단 "나는 그를 증오한다"로 역전되었고, 그것이 다시 투영에 의한 인칭역전에 의해 결국은 "그는 나를 증오한다"라는 피해망상으로 발달하였다는 것이다.

학자란 존재는 무엇이든 까다로운 이유를 생각해 내는 것이다. 서로 어긋나는 불균형 감정을 갖기 쉬운 정신병 환자가 자신의 약점이나 비밀을 알고 있는 지배자적인 주치의에게 위협을 느끼고 그것이 주치의에 대한 피해망상으로 발달하는 것은 자주 있는 경우일 것이다. 이러한 비판적인 생각을 갖는 필자 같은 사람은 도저히 정통파의 정신분석의가 되지 못할 것 같다.

프로이트의 분파

권위적인 프로이트는 자신의 학설에 대한 조금의 비판도 용서하지 않았으므로 의견을 달리하는 제자들은 점차 이탈하여 각국에 분파를 만들었다.

프로이트가 신경증의 주원인으로 내세운 리비도(성욕)보다 열등감을 보상하는 심적 에너지를 중시한 뛰어난 제자인 아들러가 우선 반기를 들었고, 프로이트가 후계자로 지목하였던 스위스의 융은 꿈의 해석 등과 관계되는 감정적 대립으로 결렬하였다. 다음 서클의 제자였던 랑크는 오이디푸스 콤플렉스보다 출산 시 외상을 중시하여 헤어졌고, 오랫동안 충실한 제자였던 페렌츠도 역시 정신병 환자에게는 보다 유연한 '적극기법'을 사용해야 할 것이라는 주장 때문에 프로이트를 떠났다.

이들은 프로이트로부터 직접 지도를 받은 비엔나 그룹의 제자들인데 베를린의 연구 그룹에 속하는 카렌 호나이, E. 프롬은 나치의 유태인 박해를 피해 미국으로 망명하니 점차로 리비도보다 사회적, 문화적 배경을 중요시하게 되어 프로이트 좌파, 네오프로이디언이라 불리는 분파를 형성하였다.

이러한 유태계 정신분석의의 망명으로 미국은 1940~50년대에 정신분석학 황금시대를 맞이하였다. 이 당시 미국 영화에는 실업가의 사적 상담으로 유명했던 비엔나 출신의 정신분석의가 극화되어 나오는데 1960~1970년대가 되면 어느덧 할머니가 된 레슬리 카론이 연기하는 임상심리학자로 변해 있다.

이것은 정신분석의 치료가 시간과 비용이 많이 들기 때문에 임상심리사에 의한 카운슬링이나 그룹 요법이 보급됐기 때문이다. 그러나 정신분석학의 이론 쪽은 예술이나 광고, 문화인류학 등 여러 가지 분야에 받아들여져 그 용어가 매스컴의 상식 문제가 되기도 했다.

6장 개인차의 심리학

퍼스낼리티와 지능

분트의 심리학에 촉발되었던 게슈탈트 심리학이나 행동심리학, 더불어 프로이트의 정신분석이론도, 발견된 심리학의 법칙이 모든 민족과 문화권, 모든 개체에 공통적으로 적용된다는 '간츠하이트심리학' 가설에 입각하는 것이었다.

그러나 유명한 그리니치천문대 사건은 사람의 반응 속도에 분명한 개인차가 있다는 것을 증명하는 것이었으며, R. 베네딕트 등 비교문화학자의 연구에 의해서도 프로이트의 정신분석 공식은 서구문화의 영향을 받은 지역에만 부연할 수 있다는 것이 명백해졌다.

올포트의 설에 의하면 앵글로색슨의 기본 철학은 경험론에 있으므로 미국 심리학은 낙천주의적인 환경우위론에 기울지만 구대륙의 심리학은 염세주의적인 유전우위론 색채가 짙다고 한다. 따라서 개인차의 심리학은 우선 프랑스의 비네에 의한 지능검사, 이어서 독일의 크레치머(Kretshmer, 1888~1964)에 의한 성격유형론부터 시작하였다.

지능심리학

지능이란 무엇인가?

편찻값 교육의 장해가 논의된 지도 오래지만 유명 대학에 입학한 사람이 사회에 나와서 반드시 성공한다고는 볼 수 없다. 대학은 될 수 있는 한 우수한 학생을 얻으려고 수험 문제에 고심하는데 한 번의 검사로 그 사람의 학력을 완전히 측정하는

것은 무리이다. 유명 사립 초등학교가 지능검사를 선택의 참고
로 하였던 시대에는 IQ 200 이상의 천재아(?)가 우글우글했던
모양이다. 이것은 지능검사의 연습 효과이며, 연습에 의해 실제
의 지능이 높아진 것은 아니다. 이처럼 검사에 의해 그 사람의
지능을 측정하는 데는 한계가 있으며 검사의 성적은 어디까지
나 가정의 '지능 측정'에 불과한 것이다.

그런데 흔히 '지능이 높은 사람'이란 표현은 '공부하지 않는
데 성적이 좋은 사람'이란 생득적인 뉘앙스가 강하게 풍긴다.

캐나다의 신경생리학자인 D. O. 헤브는 "원래 지능이란 개
체가 경험에 의해 후천적으로 획득한 지식이나 기술하고는 전
혀 관계가 없는 뇌의 생득적인 기능이다"라고 정의하고 있다.

현대는 쓸데없이 능률적으로 지식을 집어넣는 교육이 활개치
고 있는데 지능은 결코 컴퓨터의 입력량인 '지식'이 아니고, 어
떤 상황에서 그것을 어떻게 활용하는가 하는 '활용능력'이며 불
교용어의 '지혜'에 가까운 것이다.

이 측정하기 어려운 지적 능력을 어떻게든 측정하려는 시도
는 19세기 말부터 금세기 초에 걸쳐서 활발하게 이루어졌다.
원래 '지능'이란 용어를 만든 것은 영국의 철학자 스펜서지만
다윈의 조카인 골턴은 천재 가계의 지능을 연구하였다. 1890
년에는 미국의 심리학자 케테르가 '멘탈테스트'에 관한 논문을
썼으나 현재 지능검사의 골격을 이룬 것은 프랑스의 심리학자
A. 비네이다.

비네식 지능검사

비네는 법학사에서 소르본대학의 심리학 교수가 된 인물이며

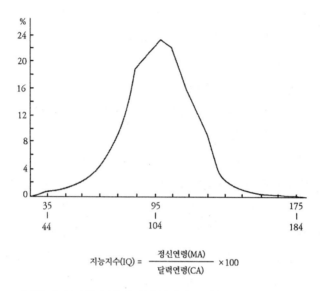

$$지능지수(IQ) = \frac{정신연령(MA)}{달력연령(CA)} \times 100$$

〈그림 6-1〉 지능지수의 산출방법과 그 분포(L. M. 터먼)

자신의 두 딸에게 지능검사를 하여 그 결과를 발표한 일이 있다. 마침 파리 교육위원회의 의뢰가 있어 T. 시몽의 협력을 얻어, 1905년에 특수교육용 '지능검사'를 고안하였다.

그때까지 골턴이나 케테르 등이 감각 측정에 중점을 두었던 것을 독서력이나 기억력, 판단력 등의 보다 실제적인 정신 능력을 측정할 수 있는 문제를 고안한 것이 이 지능검사의 장점이다.

여기서 비네식 지능검사의 개요를 설명하기로 하자.

비네의 원법에서는 같은 연령 아이의 4분의 3이 정답을 맞힐 수 있는 표준 문제를 3세용에서 성인까지 각 연령별로 설정하여 3세용을 패스하면 다음으로 나가 그 아이의 정신연령을 정하는 것이다. L. M. 터먼(Terman)은 그의 스템퍼드-비네 지능검사 개정판 때, 처음으로 지능발달의 상대적 속도를 나타내는 '지능지수(Intelligence Quotient)'를 사용하였다.

이 편리한 IQ는 순식간에 전 세계에 보급되었다. 〈그림 6-1〉은 터먼이 2세부터 18세까지의 미국 아동 2,900명의 표준화를 실시했을 때의 IQ 분포도로서 멋진 정상분포를 나타내고 있다. 그러나 비네식 IQ 산정법에서는 연령에 따라 IQ의 분산이 다르기 때문에 같은 IQ 값을 나타내어도 그 연령에 따라 평가가 변한다는 결점이 있었다. 웩슬러는 편차 IQ를 사용하는 것으로 이 문제를 해결하였다. 학생들이 고생했던 편찻값이란 지능 편찻값을 말하며 다음 식으로 구한다.

$$지능편찻값 = \frac{10 \times (개인 득점 - 동 연령군의 평균 득점)}{동 연령군의 득점분포의 표준편차} + 50$$

이 비네식 지능검사는 각국에서 번안되었다. 일본에서는 스즈키-비네식 지능검사가 유명하지만, 이것은 '스즈키' 하루다로 교수가 비네의 문제를 일본 실정에 맞도록 번안해 이것을 많은 학생 집단에 사용해 보고 IQ 값이 제대로 정규분포하는가를 확인하는 '표준화'한 '비네식 지능검사'라는 의미이다.

이러한 표준화가 충분하지 못했던 초기의 검사는 신뢰도에 문제가 있었던 것 같으며 '정신박약자-범죄인설'을 수립한 미국의 심리학자 H. H. 고다드가 사용한 지능검사를 어느 학자가 미군에 사용해 보았더니 40% 가까이가 정신박약으로 판단되었다는 이야기조차 있다.

가계인가 교육인가—카리칵크 가계
고다드는 미국 뉴저지주의 정신박약자 훈련학교의 교장을 하고 있었는데 8세의 입원아 디포라의 가계를 더듬어 그 5대 전의 마틴 카리칵크의 가계에 도달하였다.

마틴 카리칵크(가명)는 독립전쟁에 참가하여 술집의 정신박약한 딸에게 사생아를 낳게 하고 이 사생아에서 5대까지 약 480명의 자손이 태어났으나 정상의 지능을 갖는 자손은 불과 46명, 분명한 정신박약자는 143명이었으며, 그중에는 사생아나 알코올 중독, 간질, 범죄자나 매춘부 등 당시 사회에서 열등시하였던 문제아들이 많았다.

이에 반하여 카리칵크가 귀향하고 나서 결혼한 양가 자녀의 자손 496명에서는 정신박약자는 한 사람도 없고 실업가, 변호사, 대학교수 등의 사회적으로 높은 지위의 자손이 적지 않았다고 한다.

고다드는 다시 지능검사를 하여 소년원 수용자의 65%, 매춘부 교정시설 수용자의 50%가 정신박약이 있다는 점에서 롬브로소의 '선천성 범죄인설'의 근거가 되었던 '변질자'란 정신박약에 불과하다고 주장하였다.

그러나 이 소질 만능론에 대해서는 당시부터 반론이 많았고 다음 해에 시행되었던 힐리의 비행아 수용시설 조사에서는 정신박약자가 9.4%에 불과하였다고 보고하고 있다. 서더랜드가 1910년부터 1928년까지의 이러한 종류의 조사를 비교하였더니 조사의 연대가 내려가는 데 따라 소년원의 정신박약아가 적어진다는 것을 재발견하였다.

이 수치는 선진국 미국에서 이때쯤부터 정신박약자에 대한 교육이나 직업 훈련, 복지 대책이 발전하여 범죄율이 저하하였다는 것을 말하는 것이다. 우드워드는 1931년부터 1950년까지의 조사를 검토하여 정신박약자의 범죄율은 13%를 초과하지 않는다고 결론짓고 있다.

이에 반해 전쟁 전의 일본 '감화원'에는 30%에서 40%의 정신박약자가 포함되어 있어, 이러한 비율이 구미의 선진국 정도로 낮게 따라붙은 것은 고도성장이 시작된 1960년의 12.2%이다. 그러나 경제성장에 의한 정신박약아 교육-복지제도의 급속한 정비에 의해 그 비율은 1965년에는 9.2%로 낮아지고, 1980년에는 1.4%로, 결국은 일반 인구 중에 정신박약자가 포함되는 비율인 2~4%를 밑돌게 되었다.

즉, 정신박약자의 범죄율로 보는 한, 환경론자의 주장이 옳다는 자료가 된 셈이다. 그러나 태어나는 아이의 지능에 관해서는 소인(素因)의 영향이 꽤 강하므로 카리칵크 가계의 수치를 전적으로 부정할 수는 없다.

쌍둥이법

동일한 유전자를 갖는 일란성 쌍둥이 형제는 가령 양자로 가도 서로 잘 닮은 성격을 갖고 비슷한 배우자를 고르며, 동일형의 병에 걸리는 것으로 알려져 있다.

이것을 '일치율'이라 하는데 같은 쌍둥이라도 이란성 쌍둥이면 다른 동포와 같은 정도의 일치율로 낮아진다. 분열기질 등 다음 장의 성격유형하고도 관계되는 내인정신병의 일치율보다도 지능 쪽이 훨씬 더 일치율이 높다.

이러한 조사 성적은 연대나 학자에 의한 성적이 제각기이므로 필자가 〈표 6-2〉에 개략적으로 요약해 보았다. 1950~1960년대의 연구에는 환경론의 영향이 뚜렷하게 나타나며, 이 표보

〈표 6-2〉각 질환의 쌍둥이법에 의한 일치율. 1930~50년까지의 연구
에서 필자가 총괄한 수치. 현재는 더욱 낮을 것으로 생각된
다. 정신박약의 대부분은 뇌염 등의 기질적 장해에 의해 지
능발달이 늦어진 상태이며 유전성이 아니다. 이러한 원인이
분명하지 않은 지능의 하위에 분포하는 무리를 내인성 정신
박약이라 한다.

	일란성	이란성
내인성 정신박약	96~91%	53~32%
조울병(증)	75~70%	23~16%
분열병(증)	67~64%	17~15%

다 약간 낮은 수치로 되어 있다. 그러나 1970년대부터 등록제
도가 발달한 덴마크에서의 대규모 양자 연구 등에서 한때 이론
적 근거가 약했던 소인론이 다시 주목받게 되었다.

A. R. 젠센의 연구에 의하면 동일가정에서 키워진 일란성 쌍
둥이의 IQ 상관계수는 0.969로 신장의 상관보다 높고, 가령
양자로 보내져 다른 환경에서 키워졌어도 그 상관계수는
0.887로 떨어지는 데 불과하다.

2개의 상이한 유전자의 교배를 받은 친자의 IQ 상관계수는
당연한 일이지만 0.515이며 동일가정에서 키워진 동포의
0.517과 거의 같다. 오직 학업성적에 대해서는 환경의 영향이
약간 강해지고 양자로 보내진 일란성 쌍둥이의 학업성적 상관
계수는 동일가정 쌍생아의 0.945에 비해 0.717로 떨어져 있다.

젠센은 이 조사 결과에서 지능을 규정하는 소질요인은 거의
70%, 환경요소가 30%라고 결론지었고, 영국의 심리학자 아이
젠크(Eysenk)도 비슷한 수치를 지적하고 있다. 당시 캘리포니아

대학의 교육심리학 교수였던 젠센은 미국에서 백인 아동과 흑인 아동의 평균 IQ 값 차이는 15 이상 있어, 교육에 의해 이 '우열교배의 차이'를 메우는 것은 불가능하다고 주장했으나 인종차별을 조장하는 것이라 하여 심한 논쟁을 불러일으켰다.

O. 그린버그는 남부의 농촌에서 교육설비가 잘 갖추어진 필라델피아시로 이주한 아동의 IQ를 조사하니 이주연령이 어릴수록 IQ의 상승률이 높다는 연구를 하였다.

또한 J. S. 부르너의 제자들은 예부터 숲속에서 살며 문화적 자극을 전혀 받지 않은 세네갈의 워로프족 아이의 지능 발달은 거의 10세 정도에서 정체하는데 대도시 다카르의 근대적인 학교에서 교육을 받고 있는 동족의 아이들은 미국 아동들과 거의 동일한 지적 발달의 패턴을 나타내는 것을 밝혀내었다.

또한 미국에서는 친자식이 있고 양자를 받아들이는 가정도 많다. 프린스턴대학의 케이민은 IQ가 별로 높지 않은 친부모에게서 태어난 양자도 양부모의 친자식에 비하여 뒤지지 않는 높은 IQ를 나타내는 경우가 많았다는 환경론자의 사기를 높이는 보고를 하였다.

이러한 보고에서 보면 태어나 바로 이리에게 키워진 카마라 같은 극단적인 초기 학습 박탈 정도는 아니라도 유소아기의 문화적 자극 결핍은 지능 발달에 역시 큰 영향을 갖는 것으로, 젠센이 조사한 소수민족 아동의 IQ 저하 현상은 원래 열악한 교육, 문화 환경에 귀착되는 문제일 것이다.

천재 가계의 IQ

그렇지만 바흐나 과학자 보일 혹은 일본의 가노(狩野) 파나

〈표 6-3〉 천재의 출현율(골턴, 1869)

영역	가계 수	전체 수재 수	조부 (%)	백숙부	부	형제	자	손	조카
예술가	28가	97명	7	5	28	37	41	18	18
시인	20가	57명	2	1.3	20	26	45	2.5	12.5
과학자	48가	148명	7	4	26	31	60	7	6
문학가	33가	119명	12	6	48	28	51	4.5	6
군인	27가	89명	8	2	47	33	32	6	9
정치가	39가	130명	14	4.5	33	26	49	5	4.5
재판관	85가	262명	7.5	4.5	26	23	36	9.5	4.8

오가다고안(緖方洪庵)의 가계같이 한 가문에서 천재나 저명한 학자를 배출하는 우수 가계가 있다는 것도 알려져 있다.

대부호인 영국 귀족이 빨리 지구 일주를 하는 내기를 보여주는 영화가 있었는데 골턴 경(Sir. Galton)이야말로 대영제국 전성의 빅토리아 왕조 시대의 전형적인 귀족이었다. 호기심이 왕성한 그는 아프리카 전체를 여행하며 안내서를 썼을 뿐만 아니라 미인의 산지를 탐구하거나 지문을 식별에 이용하는 등 인류학적인 연구를 하였다.

자신도 우수 가계에 속하는 골턴은 사촌형인 다윈의 '진화론' 영향을 받고 저명한 학자, 예술가, 군인, 법률가 300가계를 골라, 근친자 중에 걸출한 인물이 어느 정도의 빈도로 출현하는가를 1869년에 발표하였다(〈표 6-3〉 참조).

골턴은 이 표에서 다시 100명의 천재로 범위를 좁혀 그 부친도 뛰어난 재능을 발휘한 경우 31사례, 아들도 뛰어난 경우 48사례, 손자 14사례, 형제 41사례의 걸출자를 발견하였다. 일

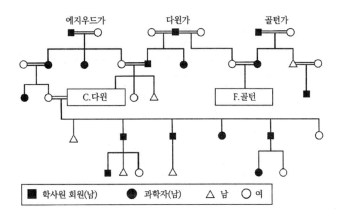

〈그림 6-4〉 다윈가, 골턴가의 가계

반 영국인에게는 4,000명 중 1명밖에 걸출한 인물이 출현하지 않는(과연 대영국제국 전성 시대다운 자신이 넘치는 수치이다) 것에서 골턴은 지능에서의 유전요인을 강조하고 있다.

참고로 이 조사를 하였던 골턴, 다윈 가족의 가계도를 〈그림 6-4〉로 나타내었다.

그러나 3, 4세부터 아버지의 맹렬한 영재교육을 받은 J. S. 밀이나 모차르트 같은 이상적인 교육환경에서 끊임없는 '내발적 동기 부여'를 받는 유리함도 그냥 보고 넘길 수는 없다.

천재에는 모차르트와 같은 조숙형 천재와 초등학교 때는 자폐증이라고 여겨졌던 패러데이나 에디슨 등의 만숙형 천재가 있다. 그 사람들의 IQ는 어느 연령에서 최고에 이르는 것일까?

종래의 상식으로는 지능이 최대에 이르는 것은 14, 15세이며 이후는 서서히 하강한다고 생각하였다. 그러나 이것은 기억력 등 나이에 영향받기 쉬운 검사 항목을 사용하고 있기 때문이다.

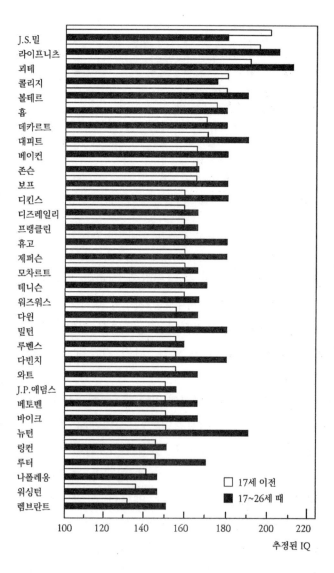

〈그림 6-5〉 천재의 추정 지능(콕스, 1926)

N. 베일리는 대규모 조사를 하여 지능연령이 극대에 달하는 것은 거의 20세 전후이며, 이후 오랫동안 그 수준을 유지한다고 하여 종래의 상식을 수정하였다.

예술상의 창조성이란 것은 지능지수로서는 측정하기 어려운 것이지만 콕스는 굳이 역사상 천재의 IQ를, 그것도 자서전이나 전기를 기초로 추정하여 〈그림 6-5〉를 만들었다.

조숙형 천재인가 만숙형인가의 분류로는 납득할 수 있으나, 악상이 샘물과 같이 솟아나 죽기 1년 전에 3개의 교향곡과 가극『마적』,『레퀴엠』등의 명곡을 작곡한 천재 중의 천재 모차르트가 학자에 비해 낮게 평가되어 있어, 결국 창조력이라는 인간의 가장 고등한 정신기능을 측정하는 잣대란 존재하지 않는다는 것을 느끼게 한다.

지능의 여러 가지 요소

프랑스의 생물심리학자 G. 뷔오는 인간의 지능을 동물의 본능과 대립하는 개념으로서 파악하고 인간의 지능에 언어적 조작에 의해 이루어지는 개념적-윤리적 지능 이외에 더욱 원시적인 '감각운동적 지능' 혹은 '실용적 지능'이라고 불러야 할 2종류의 지능이 있다는 것을 주장하였다.

이것은 철학자 H. 베르그송이 말하는 '인성인(호모 사피엔스)의 지능'과 '공작인(호모 파베르)의 지능'의 분류하고 일치한다.

3장 '언어가 동물과 인간을 구별한다'에서 언급했듯이 침팬지 새끼를 자신의 아이와 함께 키운 심리학자의 보고에 의하면 인간의 아이가 말을 외우는 2, 3세에서, 그때까지 선행하고 있던 침팬지와 인간 아이의 지능이 역전된다.

이것은 인간의 아이가 말을 사용하지 않는 '침팬지 시대'는 실용적 지능으로 발달하는데 언어를 조작하는 2세 이후는 '개념적-논리적 지능'이 개화하여 다른 차원의 정신 발달을 이룩한다는 것을 시사하고 있다.

비네가 처음으로 지능검사를 개발한 때는 지능의 해석도 스피어만의 2요인설에 의한 것이었으나 1939년에 이르러 언어성 지능과 동작성 지능을 구별하여 측정하는 웩슬러 지능검사가 고안되었다.

웩슬러 지능검사의 원리와 스피어만 2요인설-서스톤 다요인설

비네의 지능검사는 주로 아이들용이므로 웩슬러는 1939년 16세 이상의 성인용 지능검사를 개발하였다. 이 검사는 널리 사용되어 1955년 개정에서 WAIS(Wechsler Adult Intelligence Scale)가 되고 아이들용의 WISC(Wechsler Intelligence Scale for Children)도 만들어졌다.

그 원리는 문장의 이해 등 언어도 사용하는 언어성 지능(개념적, 논리적 지능)과 회화나 나무토막 쌓기를 사용한 공간, 감각적인 동작성 지능(감각, 운동성 지능)의 2가지 하위 장르의 지능으로 분류하고 있다.

〈그림 6-6〉은 성인용 WAIS-R의 집계표이다. 나이에 의한 감퇴율을 고려하여도 원래 언어성 IQ보다 동작성 IQ가 나쁜, 즉 공부는 잘하나 운동은 서투른 수재형 유형이었다고 생각되는 프로필이다. 이것과는 반대로 동작성 IQ가 좋고 언어성 IQ가 극단적으로 떨어지는 것은 자신의 감정 표현이 서툴고 폭발

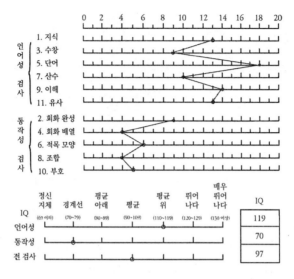

〈그림 6-6〉 WAIS-R 프로필의 사례(51세, 남성)

하기 쉬운 호모 파베르 유형의 사람에게 많은 프로필이다.

어떤 사람의 일반적인 지능(G 인자)은 이론상 측정할 수 없는 것이며, 예를 들어 계산능력검사(T_1)라든가, 기명력검사(T_2)라든가, 특수능력검사로 측정된 개개의 특수요인(S_1, S_2)에서 간접적으로 측정할 수밖에 없다. 이것이 스피어만의 지능 2요인설이다. 스피어만도, 비네도 서로의 연구를 알지 못하고 독자적으로 연구하여 같은 때쯤에 비네의 검사를 보강하는 학설에 이르렀다는 것은 이상한 일이다.

원래 공학부 출신이며 통계학에 소질이 있었던 서스턴은 단순한 스피어만의 2요인설에 의문을 갖고, 여러 학자들이 고안한 많은 특수능력검사(T_1…T_2)가 결국 공간, 지각, 수, 기억, 언어, 말의 유창성, 추리의 7요인로 분석되며, 또한 이러한 요소

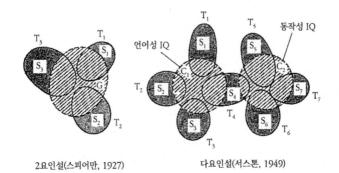

2요인설(스피어만, 1927)　　　다요인설(서스톤, 1949)

〈그림 6-7〉 지능의 요인구조. 스피어만의 2요인설(왼쪽)과 서스톤의
다요인설(오른쪽)

능력($S_1 \cdots S_2$)은 전혀 측면을 달리하는 2개의 지능(C_1, C_2)에 얽혀
조합되어 인간의 복잡한 지능을 구성하고 있다고 주장하였다.
그의 이론에 근거한 지능검사는 여러 가지로 고안되었으나 〈그
림 6-7〉의 C_1을 언어성 지능, C_2를 동작성 지능으로 한 것이
웩슬러식 지능검사이다.

기타의 지능검사

J. P. 길포드는 더욱 적출 가능한 지능요인을 상정하여 그
러한 요인이 정육면체의 구조를 갖는다고 주장하고 40요인에
근거한 지능검사를 고안하였으나 너무나 복잡하여 보급되지
않았다.

또한 언어를 사용하는 지능검사는 중증인 정신박약아나 농
인, 실어증 환자에게는 사용할 수 없다. 그러므로 나무토막 쌓
기나 언어를 일절 사용하지 않는 '뇌연식 기능검사'나, 보통의
지능검사로는 측정 불가능한 치매노인용의 '하세가와식 기능검

사' 등이 고안되었다. 또한 기억력 검사나 크레페린식 작업능력 검사 같은 특수검사도 있다.

그러나 신뢰할 수 있는 지능검사를 하려면 전문적인 훈련을 받은 임상심리사가 이것을 담당할 필요가 있다.

성격심리학

퍼스낼리티와 기질

10인 10색이란 말과 같이 사람의 성격은 다양하지만 퍼스낼리티와 기질은 어떻게 다른 것인가?

매스컴에서는 강렬한 개성을 특징으로 하는 D. J. 등을 '퍼스낼리티'라고 부르고 있는 것 같으나 퍼스낼리티란 원래 라틴어의 페르소나에 기초한 미국 심리학파의 용어이다.

언제나 미소 짓는 얼굴의 가면을 쓰고 일하는 사람이 어느 날 그 가면을 벗으려 하니 완전히 얼굴에 붙어 버려 무리하게 벗으니 살이 묻어 떨어졌다는 '살이 붙은 가면'이란 일화가 있다.

인격의 환경 형성 면을 중요시하는 미국의 역동심리학파에서는 인격이란 그 사람의 심층심리까지 몇 겹이나 벗길 수 있는 양파 같은 것이나, 제일 바깥쪽의 사회적 역할이 중요하며 오랫동안 직업 등에서 사회적 역할을 다하고 있는 동안에 그 가면이 '살이 붙은 가면'과 같이 그 사람의 퍼스낼리티에 도입된다는 사고이다. 분명히 정년 후에도 교장선생님이나 서장님 같은 데가 남아 있는 사람도 있다.

특수론과 질문지법 성격검사

A. W. 올포트(1961)는 퍼스낼리티를 "그 사람다운 행동이나 사고를 결정하는 정신-신체조직을 가진 역동적인 총괄이다"라고 정의하였다. 예의 바른 것의 지배성이라든가, 행동 경향은 그 사람의 '특성'이라 부르며 인격의 차이는 그러한 몇 가지 특성이 모자이크 세공같이 조합된 양적인 차에 불과하다고 생각하는 것이 미국, 영국을 비롯한 앵글로색슨 문화권 심리학자의 '특성론'이다.

올포트는 사전에서 성격에 관계되는 용어 1만 8,000단어를 정리하여 그 '특성'을 구했으나 R. B. 케테르는 요인분석이란 통계학적 수법을 사용하여 〈표 6-8〉의 독립적=의존적과 같이 동일 수준에서 대립하는 '근원적 특성'의 12요인으로 분류하였다.

이 특성론의 입장에서 사람의 성격은 척도를 몇 개 사용하는 것으로 측정할 수 있는 셈이 된다. 이 12개의 성격특성에 관한 질문을 적절하게 배열하여 자신이 '예', '아니오', '아무 쪽도 아니오'의 3단계로 기입하게 하는 '야다베(矢田部)-길포드 성격검사(Y-G Test)'는 일본에서 가장 많이 보급된 '질문지법'의 심리검사이다.

각 척도에 10항목, 계 120항목의 질문에 △×○를 기입하면 결과는 3개로 접힌 집계표에 카본으로 집계되어 〈그림 6-9〉 같은 프로필로 요약된다. 〈그림 6-9〉는 왼쪽의 정서안정 척도가 가장 안정하고 오른쪽의 행동력 척도가 5로 활동적인 오른쪽 아래형의 'D형(Directive Type)' 사례이다.

이것과는 정반대인 억울하며 행동력이 결핍된 왼쪽 아래형 'E형(Eccentric Type)'은 신경증에 많은 유형이다. 또한 정서가

〈표 6-8〉 케테르의 근원적 특성(R. B. 케테르, 1966)

주) ( ) 안은 표면적 특성

제1인자	순환성	: 분열성
	(활동적, 사람이 좋다, 적응적)	(음성적 사색, 어렵다)
제2인자	지적	: 지적 결함
	(현명하다, 양심적, 사려 깊다)	(어리석다, 야무지지 못하다, 경솔)
제3인자	정서 성숙	: 정서 미성숙
	(정서 안정, 인내심이 있음)	(자기중심적이며 잘 흥분한다)
제4인자	지배성	: 복종성
	(자신이 있다, 사양지 않는다)	(겸손, 잘 사양한다)
제5인자	고조성	: 퇴조성
	(쾌활, 낙천적, 사교적)	(우울, 비관적, 고독)
제6인자	민감, 상상적	: 단단함, 고집, 평정
	(직관적, 이상적)	(냉소적, 논리적, 박정)
제7인자	사회적 세련	: 조잡, 무반성
	(사려 깊다, 미적)	(편협, 단순, 야비)
제8인자	독립적	: 의존적
	(독립, 내구력, 실제적)	(야무지지 못하다)
제9인자	자선, 모험적	: 냉담, 퇴폐적
	(친절, 협력적)	(아이러니 인색, 비밀주의)
제10인자	신경쇠약적	:정력 왕성
	(쓰레기, 도피성)	(원기, 노력가, 의지 강함)
제11인자	소아적, 과민	: 마음을 빼앗기지 않음
	(침착치 못함, 성미가 급함)	(평정, 끈기 있음)
제12인자	격심한 순환성	: 편집광적
	(열광적, 광신적)	(의심이 많다, 적의)

192

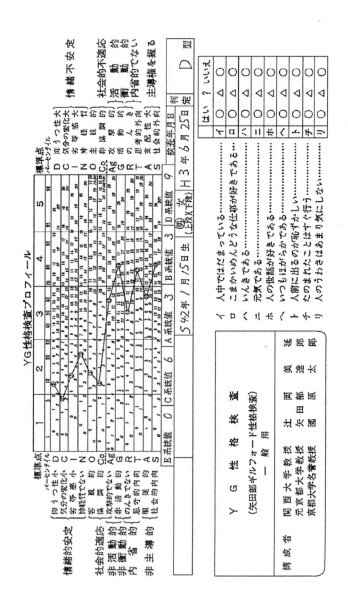

〈그림 6-9〉 Y. G 성격검사의 질문항목(견본)과 검사 프로필

불안정하면서도 행동적인 '오른쪽 기울기형' B형(Blast Type)은 문제 성격이다. 이 반대인 '왼쪽 기울기형'은 C형(Calm Type)으로 약간 적극성이 결여되는 유형이고, 전체 척도의 프로필이 한가운데인 것이 A형(Average Type)으로 이렇다 할 특징이 없는 '평균형'이다.

Y-G는 이처럼 훈련을 받은 임상심리사가 아니더라도 평가, 이용할 수 있는 것으로 취업시험 등 집단검사에 이용되고 있다. 그러나 아무리 훌륭하게 질문이 배열되어 있어도 유리, 불리한 항목은 대체로 알아차릴 수가 있으므로 자기 수정할 수 있는 등 객관성에 문제가 있는 것이 질문지법의 결점이다.

이 밖에도 더욱 질문 항목을 많게 한 미네소타 다면인격목록(MMPI)이나 신경증적 경향을 알 수 있는 코넬 건강조사표(CMI) 등이 있다.

투영법

어떻게 대답해야 유리할지 모르는 애매한 다의적인 자극도표를 사용하면, 이 의도적인 왜곡을 방지할 수 있을 뿐만 아니라 본인도 알지 못하는 심층심리가 자극도표에 투영된다.

로르샤흐 검사

스위스의 정신과 의사 H. 로르샤흐(Rorschach, 1921)는 아이 때 열중했던 2겹으로 접은 종이 위에 잉크를 떨어뜨리는 '잉크 얼룩' 놀이를 성격검사에 응용해 보았다. 누구나 어릴 때 벽 등의 잉크 얼룩을 무심히 보고 있으면 그것이 사람 얼굴이 되거나 사자로 보이기도 하는 기억이 있는데, 고독하고 공상적인

〈그림 6-10〉 로르샤흐 도판의 예

소년에게는 특히 그 경향이 강하다. 로르샤흐도 12세 때 생모와 사별하고 계모하고도 마음이 맞지 않았고, 18세 때 미술교사였던 아버지와 사별하였다.

그가 그때쯤 스위스 아이들 사이에서 유행하고 있던 '잉크얼룩' 놀이에 열중한 것도 이러한 불행했던 성장 과정과 크게 관계된다. 그는 이 검사법을 발표한 다음 해인 37세의 젊은 나이로 사망하였으나 그가 고심했던 도판 10매는 현재도 그대로 사용되고 있다. 그는 융하고의 친교도 있었기 때문에 검사의 해석에는 정신분석이론이 도입되어 현재 세계 각국에 로르샤흐협회가 설립될 정도로 보급되었다.

〈그림 6-10〉은 너구리의 털가죽으로 보이는 도판인데 이러한 '전체 반응'이 많은 것은 지적 경향이 높다고 보며, 어떤 특수한 부분에만 반응하는 '부분 반응'은 특이성을 나타내는 등

다양한 관점에서 피검자의 심층심리에 접근하는 기준이 로르샤흐 학회에 설정되어 있다.

로르샤흐는 이처럼 우수한 투영법이지만 검사에 훈련을 받은 임상심리사가 입회하고, 그 해석 판정에 시간이 걸리는 것이 단점이다.

주제통각 검사법(TAT)

공상력이 왕성하였던 E. A. 호프만은 노총독과 그의 젊은 부인이 나란히 배알을 받는 한 장의 그림을 미술관에서 보고 즉석에서 『베니스의 신부』라는 중편소설을 썼던 모양인데, 〈그림 6-11〉의 위와 같은 짐작하기 어려운 그림을 보고 당신은 어떤 이야기를 상상할 수 있을까?

이 검사를 고안한 H. A. 말레는 하버드대학 역사학과를 졸업 후, 컬럼비아대학에서 의사 자격을 취득하고 영국군 정보장교로 근무한 적이 있는 서머싯 몸처럼 2차 세계대전 중에 미국 OSS의 중령까지 된 경력이 있다.

유럽 유학 중에 '마치 파우스트 박사와 같은' 융을 만나 정신의학에 흥미를 갖고, 결국 하버드대학의 임상심리 교수가 되었다. 『모비딕(백경)』을 쓴 멜빌의 연구가이기도 했고 문학 취미가 왕성했던 그는 인간의 상상력에서 마음의 심층을 탐구하려고 생각하였던 것이다.

H. A. 말레의 원도는 처음에는 수형자의 심리검사용이었기 때문에 범죄 현장을 상기시킬 수 있는 것 같은 스산한 장면이 많다.

그러므로 일본에서는 도가와(戶川)식 등 성인용으로 수정된

〈그림 6-11〉 TAT(원판: 위)와 CAT(도가와판 아래)

문제 장면이 사용되고 있다.

또한 주인공을 다람쥐 치로군으로 한 아동용 검사가 있어 CAT(Apperceptions Test for Children)라고 한다(〈그림 6-11〉 아래 참조).

어느 것이나 이런 그림 연극 같은 문제 장면을 10~20장 보여주고 자유로이 이야기를 만들어 내면의 갈등이나 대인관계의 문제 등을 탐색하는 것이다.

이 밖에 심야에 잘못 걸린 전화 등의 욕구불만을 일으키는 문제 장면을 보이고 그 사람의 공격성 강도를 보는 'P-F Study'가 있다. 또 헝가리의 정신의학자 L. 존디가 고안한 정신병자나 이상성격자의 사진 45매 중에서 가장 혐오스러운 사진과 좋은 사진을 2매씩 고르게 하여 그 사람의 성격 경향을 점치는 '존디 검사'가 있어 전통적으로 숙명론이 강한 유럽에서 주로 사용되고 있다.

유형론

이처럼 체질이나 기질 등 소인을 중시하는 유럽 정신의학에서는 롬브로소의 '선천성 범죄인설'로 대표되듯이 사람은 태어날 때의 체질이나 기질에 의해 몇 가지 성격 경향으로 분류된다는 '유형론'이 활발하다.

혈액형으로 성격을 분류하는 'A형 인간' 등은 난센스의 극치이지만, 독일의 정신의학자 E. 크레치머(1961)는 분열병이나 조울병의 근친자인 환자와 공통인 성격 경향이 있고, 정도는 가벼우나 그 경향은 일반인 속에서도 인정된다는 것을 알았다.

그가 이끌어낸 분열 기질, 조울 기질, 간질 기질은 너무나도 유명하지만 크레치머의 위대한 점은 기질과 체형 사이에 상관성이 깊다는 것을 5,000명 이상의 분열증이나 조울증 환자의 체형 측정으로 입증한 점이다.

그중에서 간질 기질과 투사형 체격의 상관은 29%로서 낮다는 점, 또한 간질이 내인정신병은 아니라는 점 때문에 문제가 있긴 했다. 하지만 조울증이 비만증과, 또한 분열증이 마르고 긴 형과 모두 50% 이상의 상관이 있고, 일반인이라도 비만형의 사람은 조울 기질, 마르고 긴 형에는 분열 기질이 많다는

유형	성격 특징
분열질	내폐성, 과민성, 고상, 섬세한 신경, 귀족 취미, 이상가, 이기적, 지배적, 내성적, 비사교적
조울질	동조성, 말이 많은 낙천가, 조용한 만감가, 말이 없이 정서 풍부, 향락가, 행동적, 실제가, 사교적, 친절, 선량, 소박
간질질	점착성, 폭발성, 딱딱한 인간, 꼼꼼하고 질서를 좋아함, 친절, 보수적, 도덕적, 경제가, 대인관계가 나쁘다, 열중

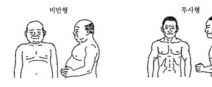

	비만형	마르고 긴 형	투사형	발육이상형	특징 없음
간질질	5.5%	25.1	28.9	29.5	11.0
정신분열병	13.7%	50.3	16.9	10.5	8.6
조울병	64.6%	19.2	6.7	1.1	8.4

〈그림 6-12〉 크레치머의 성격 분류와 체형의 상관관계(크레치머, 1961)

것이 인정되고 있다.

셰익스피어도 터질 듯한 장구배의 팔스타프를 인심 좋은 잔꾀 부리는 악인으로, 턱이 길게 앞으로 뻗은 이야고를 무엇 때문에 주인인 오셀로를 배반하는지 모를 천성이 나쁜 사람으로 그렸다. 이것은 다혈질 등 갈레노스의 4기질 설에서 F. J. 갈의

골상학에 이르는 소인 중시 유럽 의학의 계보를 잇기 때문일
것이다.

미국의 W. H. 쉘턴은 사람의 체형을 내장이 발달한 내배엽
형(비만형), 근육이 발달한 중배엽형(투사형), 신경이 발달한 외
배엽형(마르고 긴 형)으로 분류하였기에, 크레치머의 설에 의문
을 갖고 다시 상세하게 계측과 조사를 하여 내장긴장형, 신체
긴장형, 두뇌긴장형의 성격유형 사이에는 각각 0.8 전후라는
높은 상관성이 있다는 것을 증명하였다. 그러나 그가 이끌어낸
성격유형은 결국 조울 기질, 간질 기질, 분열 기질에 불과한 것
을 깨닫고 그는 열성적인 크레치머의 신봉자가 되었다.

병적학

베토벤이나 고흐 같은 천재가 생전에 사회에서 받아들여지지
않고 고난에 찬 생애를 더듬는 까닭은 무엇일까?

골턴이나 콕스는 지능의 면보다 천재의 신비성을 말하나, 크
레치머는 천재란 결국 이상 성격이며 그 격심한 성격의 치우침
에 의해 부적응을 일으키는 데 불과하다고 주장하였다.

흔히 천재와 광인은 종이 한 장 차이라고 하는데 스트린드베
리나 슈만, 아쿠다가와 류노스케와 같이 말년의 발병이 확실한
천재도 적지 않다.

이 병적학(病跡學)의 분야에 먼저 손을 댄 것이 괴테에게 7년
주기로 기분과 창작이 드높아지는 시기가 있다는 것을 입증한
뫼비우스이다.

크레치머는 고금의 천재에 그의 3대 기질을 적용한 『천재의
심리학』을 저술하였다. 크레치머의 분류에 의하면 분열 기질의

천재로는 스트린드베리, 휠덜린, 네르발, 가르신 등의 작가가 있고, 음악가로서는 슈만이 있다(모두 후년에 발병하여 정신병원에 입원했다). 순환 기질의 천재에 셰익스피어나 몰리에르, 괴테 등의 작가가 있으나 오히려 다윈, 파스퇴르, 코흐 등의 자연과학자가 많다는 것을 지적하고 있다.

일본의 유카와 히데키(湯川秀樹) 박사도 조울의 주기가 있었던 것으로 유명하다. 랑게 아이히범은 간질 기질 천재의 대표로 도스토옙스키, 파가니니 등의 예술가, 게다가 카이사르와 나폴레옹 등 정치가 겸 군인을 들고 있다.

그 밖에 약물 의존에 걸린 예술가로서 E. A. 포, 고체, 퀸시, 보들레르, 유진 오닐 등이 있고, 변성매독이 된 천재에 니체, 스메타나, 모파상 등이 있다.

일본인 작가로는 교카(鏡花)와 미야자와 겐지(宮沢賢治), 사토 하루오(佐藤春夫), 아리시마 다케로(有島武郎) 같은 조울 기질이 많고 아쿠다가와 류노스케, 시마자키 도손(島崎藤村), 나가이 가후(永井荷風) 같은 분열권의 작가는 비교적 적다. 다자이 쓰도무(太宰治)나 모리 오가이는 히스테리 성격이다.

소세키를 병적학으로 본다

메이지 시대의 문호 나쓰메 소세키에 대해서는 학자에 따라 분열권으로 보는 측과 조울권으로 생각하는 측으로 갈라져 있다. 『몽십야(夢十夜)』를 정신분석의 재료로 사용하였으므로 좀 더 상세하게 분석해 보자.

교코 부인의 『소세키의 추억』이나 막내 나쓰메 신로쿠(夏目伸六) 씨가 쓴 것을 읽으면 소세키는 피해망상이 심해지는 울기가

10년 주기로 적어도 3회 이상 있었던 것 같다.

제1기는 1894년 가을, 소세키가 28세 때로 마쓰야마 중학 부임 직전이다. 전년 여름에 도쿄대학 영문과를 졸업한 소세키는 양복까지 새로 맞추고 기대하였던 하쿠슈인(學習院)의 취직이 이루어지지 않아 부득이 대학원에 적을 두고 10월부터 도쿄고등사범(후에 도쿄 교육대학)과 도쿄전문학교(현재의 와세다대학)의 영어강사를 겸임하고 있었다. 서툰 수업으로 평판이 좋지 않은 것이 몹시 마음에 거슬렸던 소세키는 폐결핵이 의심스러우므로 호조인(法藏院)이란 절의 방 하나를 빌려 정양하게 되었다.

이때 큰형과 둘째 형을 연이어 폐결핵으로 잃고 친구 시키(子規)의 객혈을 눈앞에서 직접 본 소세키에게 그것은 청춘기의 큰 위기였다. 소세키의 참선이 시작되는 것도 이때부터이다. 소세키는 트라코마 치료 차 2년 전부터 오차노미즈(お茶の水)의 이노우에 안과에 통원하고 있었으나, 대합실에서 자주 만나는 기품이 좋은 규수의 어머니가 소세키가 사위감으로 적합한지 어떤

지를 절의 비구니를 통해 탐색하고 있다는 피해망상이 이때쯤
에 심해졌다.

어느 날 돌연히 형에게 와서 소세키는 다짜고짜 "나의 승낙
도 없이 그 혼담을 거절하다니, 앞으로는 형으로 여기지 않을
거야" 하며 노기등등하게 대들고, 놀란 형은 소세키의 친구인
스가(管)에게 상담한 일도 있었다. 스가가 방문하니 "그것은 나
의 공상이니, 아무 말도 더하지 마" 하고 다음 해 4월에는 무
엇인가에 쫓기듯이 수수께끼의 마쓰야마행을 한다.

소세키는 이때쯤, 은근히 마음을 정해둔 오즈카라는 이상의
연인이 있었다. 그녀는 부유한 사법관의 외동딸로서 소세키가
좋아하는 날씬하고도 세련된 대단한 미인이었다. 게다가 오차
노미즈고녀를 수석으로 졸업한 후 단시나 소설을 잡지에 발표
하며 이치요(一葉)의 후계자로 지목된 재원이었다.

여성에 소심한 소세키는 아무런 의사표시도 하지 못하면서
도리어 오즈카 양과 장래의 '묵계'가 있는 것처럼 깊이 생각하
고 있었으나 휴양지의 여관에서 그녀를 점찍어 놓은 선배인 고
야가 실력가인 중매인을 내세워 결혼하고 말았다. 이 당시의
형편은 『산시로』 중의 미기코의 결혼 경위에 그대로 나와 있
다. 이 사건은 내향적이며 절대로 여성에게 마음을 열지 않는
소세키의 프라이드를 사정없이 짓밟는 것이었다.

안정된 취직자리도 정해지지 않고 건강에도 문제가 있어 불
안정한 정신 상태였던 소세키는 실연의 충격이 동기가 되어 2
년 전에 안과 대합실에서 본 여성하고의 결혼 이야기를 공상하
는 것으로 찢어질 듯한 자존심을 방위했을 것이다. 오즈카 양
의 결혼식 2개월 후에 소세키는 마치 도망이라도 치듯이 괴로

움에 찬 도쿄를 떠났다.

두 번째 병기는 1902년, 소세키가 36세 때 런던 유학 중 귀국한 무렵이다.

적응력이 약해지기 시작하는 중년기에 세계 제일의 물가고인 런던에 유학한 소세키는 하숙을 옮기려 해도, 지하철도 탈 수 없을 정도로 만사가 서툴러, 마음에 들지 않는 하숙방에 틀어박혀 책만 읽고 있었으므로 유학생 친구인 후지요(藤代)가 형편을 보러 갔다. 만나 보니 보통같이 대응하므로, 만일 발광이라도 하고 있다면 소환하도록 문부성의 내명을 받고 있던 후지요는 안심하고 돌아갔다.

이때쯤, 불도 켜지 않고 어두컴컴한 방에 틀어박혀 때때로 울고 있는 동양인 유학생을 걱정한 하숙집 아줌마가 기분전환으로 유행하고 있는 자전거 타기를 권하는 것을, 재주가 없는 자신에게 '자전거 타기'를 시켜 즐기려 한다는 피해감이 축적된 듯하다. 『자전거 일기』는 후에 이때의 체험을 희화적으로 쓴 것인데, 하숙집 아줌마가 자신을 우습게 보고, 감시하고, 압박하고, 탐정을 고용하여 뒤를 쫓고 있다는 피해망상은 귀국 후에도 잠시 동안은 그대로였다.

귀국 4일 째에 화로 위에 5리(厘) 동전이 놓여 있는 것을 보고는 함께 불을 쬐고 있던 어린 장녀를 갑자기 맨손바닥으로 때렸다. 이것은 런던의 공중변소에 들어가면 동전이 보라는 듯이 놓여 있고, 하숙집 아줌마가 거지를 시켜 동전을 주려고 한 일로 분개한 일이 있는데, 같은 일이 자기 집에서 있었기에 문득 흥분하였다고 답변하였다.

그런데 반년이 지났어도 이러한 이해할 수 없는 짜증이 끊이지 않고, 식모에게 주머니칼을 주면서 "이것을 마나님에게 전하고 깨끗하게 닦으라고 말해요"라고 하거나, 길 건너 쪽의 2층에 사는 학생을 향해 "여보게 탐정군, 오늘은 몇 시에 학교 가는 거야" 하고 큰소리를 치니, 참다 못한 교코 부인은 도쿄대학 정신과의 구레 히데조(吳秀三) 교수에게 상담하여 '추적광'이라고 진단받았다. 이때쯤의 병상은 『나는 고양이로소이다』에 자세히 나온다.

해외 생활의 부적응에서 정신 변조를 일으키는 유학생은 자주 있으나 대부분은 귀국하므로 비교적 조기 회복한다. 20대의 유연한 정신으로 독일 유학생활을 하고 돌아온 오가이에 비하면, 적응력이 약한 35세에 유학한 소세키는 기름진 서양요리와 좁은 목욕탕에 완전히 지쳐서, 넓은 목욕탕에 몸을 담그고 냉면을 먹고 싶다고 교코 부인에게 편지를 썼다.

게다가 비용이 드는 옥스퍼드나 케임브리지대학에는 유학하지 못하고, 시정의 영문학자를 따라 일본인에 의한 영문학을 혼자 모색하고 있던 소세키에게는 압도적인 대영제국의 문화 쇼크와 함께, 귀국 후 문필 활동에서 자기실현의 길을 찾아내기까지 제2의 큰 정신적 위기와 그 반응이었을 것이다.

제3기는 1911년, 46세로 『행인(行人)』의 집필과 일치하고 있다.

이때는 "뒷소리를 말하고 있다", "주머니칼로 찔리고 있다"는 피해감에서 식모나 아이들을 때렸다.

우치다(內田百聞)에 의하면 신문소설 집필 중의 소세키는 사람이 변한 것같이 기분이 나쁘고, 제자들은 '호랑이 꼬리를 밟는' 마음으로 접했다고 하니, 유명해진 명성을 떨어지게 하지 않으려는 작가로서의 고뇌가 그 전성에 달했던 시기에 해당될 것이다.

이처럼 소세키의 망상은 라이프사이클(성장 과정)상의 위기와 일치한다. 부적응 상황에서 망상 반응의 테두리를 벗어나지 못하고 급기야는 치매에 이르는 분열증하고는 본질적으로 다르다.

소세키의 성장 과정에서 알 수 있는 것

이 소세키의 이상 인격 반응을 이해하기 위해서는 소세키의 성장 과정을 거슬러 볼 필요가 있다.

소세키의 본명 나쓰메 긴노스케는 메이지 유신 전해인 1867년에 우시고미 바바게(牛込馬場下: 현재 喜久井町)의 명주 고베 나오카쓰(小兵衡直克)의 막내로 태어났다.

어머니 지에(千枝)가 '주책스럽게' 41세에 낳은 아이였기 때문인지 생후 바로 고물상집에 기르는 아이로 맡겼는데 잡동사니와 함께 야시장의 광주리 속에 넣어져 울고 있는 것을 불쌍하게 여긴 이모매(異母姊)인 후사(房)가 되찾아 갔는데 곧 나쓰메가의 서생(書生)이었던 시오바라(塩原)가로 가서 9세까지 양가에 있었다.

양부 쇼노스케(昌之助)는 시대의 낙오자로서 후에 소세키에게 가끔 나타나는 인물로 소품과 같이 소설에 등장한다. 몰락 명주인 친아버지 나오카쓰도 사업에 실패하고, 귀족원 서기관장으로 위세가 좋았던 장인 나카네 시게가즈(中根重一)까지도 그 정치성이 어긋나 관직을 잃고, 돈을 얻으려고 찾아오는 무능한 신세가 되고 말았다.

고독한 소세키는 내심으로는 비호적인 아버지상을 원하고 있었는데 현실의 그의 아버지들은 그를 어두운 과거로 끌어들이니 부정적인 이미지만을 주는 존재였다.

그러나 소세키가 가장 필요로 한 것은 어머니상 쪽이었을 것이다.

친어머니 지에는 소세키를 두 번이나 양자로 내보내고 되돌아와서도 관심을 보이지도 않고, 소세키가 13세 때에 죽었다. 소세키는 식모로부터 할머니로 여기고 있던 사람이 친엄마라는 말을 몰래 듣고는 충격을 받았으나, 부드러운 젖을 물려주는 젊고 아름다운 마돈나의 이미지하고는 너무나 동떨어진 존재였다.

소세키는 어머니 이미지의 결손을 아량이 넓은 큰 누나와 마음씨 고운 둘째 누나에게 보상을 받았으나 누나들이 출가하니 이번에는 형수에게서 받으려 한다. 형수 도요(登世)는 당시 불치병이었던 결핵으로 가엾게 이 세상을 뜨지만, 난봉꾼인 형 화사부로에게 냉대받은 이 형수에 대한 생각은 『미치쿠사(道草)』속에 나온다.

소세키는 날씬하고 가냘픈 얼굴의 미녀에 대해 꿈같은 그리움이 있었으며, 소설의 히로인은 『구비진소(虞美人草)』의 후지오(藤尾) 같이 허영심이 강한 히스테리 성격이 많다.

이것은 소세키를 9세까지 키운 양어머니가 '거짓말을 잘하며 신파같이 과장스럽게 기뻐하거나 곧잘 눈물을 흘릴 수 있는 편리한' 히스테리 성격이었기 때문일 것이다.

양어머니는 어린 소세키를 남편의 애정을 되돌리기 위해서, 또는 별거하고 나서는 나쓰메가에서 돈을 얻어내기 위한 도구로 이용하였다. 소세키는 여자의 에고와 타산성을 드러내는 교양 없는 양어머니를 혐오하면서도, 교코 부인을 비롯하여 히스테리 성격의 여성하고만 관련이 있게 된다.

양어머니가 7세의 소세키를 안고 나쓰메가로 들어와 시오바라와 이혼이 성립되니, 소세키는 양아버지와 그 애인의 집에서 1년 반 동안 키워지고 소학교 편입을 위해 간신히 9세가 되어 정식으로 집에 되돌아오게 되었다.

소세키같이 유소아기에 양자로 보내지고 양가가 여기저기로 바뀌면 아이는 정서불안이 되고, 피해망상적으로 사물을 받아들이기 쉽다. 후에 소세키가 부적응 상황에 빠지면 피해망상을 일으키게 된 것은 이 '양자 콤플렉스' 탓일 것이다. 양친의 이혼으로 어머니를 잃고 무책임한 아버지에게 유기당한 한도 부적응 때에 피해염려를 일으켰다.

또한 소세키가 여성에 대해 자신이 없고, 적극적 행동을 못하고 그러면서 과잉 기대를 갖는 것은 그가 괴테나 프로이트, 오가이같이 어머니의 절대적인 애정을 경험할 수 없었기 때문이다. 유소아기에 안정된 모자 관계를 확립할 수 없었던 남성은 근저에 여성 불신감이 있어, 상처받는 것을 두려워하는 나머지 적극적 행동을 취할 수 없고 짝사랑에 빠지기 쉽다. 소세키의 의도에도 불구하고 미기코가 산지로를 사랑하고 있는 것이 쓰여 있지 않는 것도 당연한 것이다.

이상으로 소세키의 병적학 분석을 하였다. 독자의 작품 감상에 새로운 관점을 추가할 수 있다면 다행이다.

7장 임상에 대한 응용

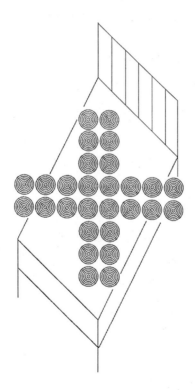

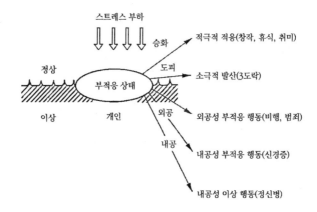

〈그림 7-1〉 마음의 건강과 이상(적응 행동과 이상 행동)

마음의 이상이란 무엇인가?

인간은 적응력이 풍부한 동물이므로 부적합한 환경에 놓여도 그 환경을 변화시키거나 적응함으로써 지구상에 생활권을 확대하였다.

그러나 현대사회는 인간의 적응력을 훨씬 초과한 스트레스 환경을 만들어 놓았다. 이런 환경에 오래 있으면 위궤양이나 고혈압 등의 심신증이나 신경증, 알코올증이나 자살 등에 본인이 말려들어갈 뿐 아니라, 이혼이나 아이의 비행 등으로 가족에게까지 그 영향이 미친다.

우리 현대인은 〈그림 7-1〉 같은 과중한 스트레스를 받으면서 겨우 바다 위에 부유하고 있는 존재이며, 하루하루의 기분 전환 등 복원력이 약하면 즉시 이상의 바다에 빠지고 마는 것이다.

미국 등 선진공업국에서 급증하고 있는 마약중독이나 범죄

등도 공업화 사회의 증대하는 스트레스가 낳은 사회병리현상이다. 임상심리학이란 것은 이렇게 정신적으로 건강하지 못한 상태나 부적응 상태에 대하여 심리검사나 카운슬링 등의 심리요법이라는 구체적 수단으로 대응해 나가는 응용심리학의 일부분이다. 심리검사에 대해서는 앞 장에서 상세하게 공부하였으므로 이상심리학에 대해서는 요점만을 설명하는 데 그치고, 이장에서는 독자가 사회인이 되어도 실제로 활용할 수 있는 카운슬링이나 그룹 이론에 대하여 알기 쉽게 요약하여 해설하기로한다.

이상심리학

마음 이상의 종류

정신이상의 명칭이나 분류는 나라에 따라 차이가 크다. 전쟁전의 일본에서는 독일 정신의학의 영향이 강했으나 전후는 미국 역동 정신의학의 세례를 받아, 그 영향으로 분류가 이뤄지고 있다. 그러나 나라에 따라 다른 정신병의 명칭을 공통 용어로 통일하려는 시도는 신체의 병처럼 잘 이루어지지 않아 미국의 분류법조차 매년 개정되고 있다.

입문자는 이런 전문적인 분류를 외울 필요는 없으므로 정신이상의 종류로서는 1. 지능의 결함 상태(정신박약과 노인성 치매), 2. 신경증군, 3. 정신병군, 4. 이상 성격의 네 가지 큰 그룹이 있다고 이해하면 된다.

1에 대해서는 지능심리학에서, 4에 대해서는 천재의 심리학이나 병적학에서 언급하였으므로, 이 절에서는 2, 3에 대하여 설명한다.

정신병과 신경증

노이로제란 것은 독일어에서 신경증이란 의미지만 매스컴에서는 정신병도 신경증도 구별 없이 사용하고 있다. 그러나 유럽의 기술정신의학 입장에서는 정신병과 신경증은 질적으로 전혀 다른 질환이며, 〈표 7-2〉와 같이 분명하게 구별된다고 생각하고 있다.

A. 병식

이 표의 '병식(病識)'이란 것은 자신의 정신 상태가 변조를 일으켰다는 자기인식이다. 정신병도 극히 초기에는 자신의 정신 상태에 막연한 부조감(不調感)이 있어 스스로 정신과 의사를 찾아 진료를 받는 일도 있다. 그러나 병이 진행하면 무조건 자신의 이상을 인정하지 않고 도리어 주위 사람을 이상하다고 주장한다. 전혀 '병식'이 없는 상태가 되어 정신과 진료를 거부하는 것이 특징이다.

이것에 반하여 신경증 환자는 심전도를 제시하여 "당신의 심장에는 아무런 이상도 없습니다"라고 내과의가 아무리 설명하여도 납득하지 않고 여기저기 다른 의료기관을 돌아다니는 '병식'이 이상하게 된 상태이다. 내과의 등에 통원하고 있는 환자의 20~30%는 이런 신경증 환자라고 한다.

이 '병식'의 유무가 일단은 기준이 되지만 진단 결정을 하는 것은 다음의 '이상 체험'의 유무이다.

〈표 7-2〉 정신병과 신경증의 차이

	병식	이상 체험	치료법
정신병	(-)	(+)	약물요법 (메이저 트란큐라이저)
신경증	(++)	(-)	심리요법 (마이너 트란큐라이저)

B. 이상 체험

실존철학자이기도 하였던 K. 야스퍼스는 정신병원에 근무하면서 한편으로는 정신병환자가 호소하는 다양한 이상 체험을 상세하게 기술하여 기술정신의학의 기초를 이루었다.

이 증상이 있으면, 그 사람이 정신병에 걸렸다고 진단할 수 있는 '이상 체험'은 잘라 말하면 환각과 망상 두 가지이다.

환각 '환각'이란 것은 유령이 보인다는 사람처럼 타인에게 보이지 않는 것이 그 사람에게는 뚜렷하게 실존하고 있는 것같이 지각되는 현상이다. 환시, 환청, 환촉, 환취, 환미같이 5관 모두에 환각이 생길 수 있으나 실제 환각으로서는 자신을 비판하거나 협박하는 소리가 들리는 '환청'이 대부분이다. 이것은 정신병의 거의 70%를 점하는 분열증에 환청이 많기 때문이며 알코올 정신병에는 작은 벌레 등이 보이는 '환시'가 많은 등 질환별로 있다.

망상 '망상'이란 것은 어떻게든 정정할 수 없는 잘못된 생각을 말하는 것이다. 예를 들면 주변 사람이 소곤소곤 자신의 뒷소리를 말한다고 생각하는 '관계망상', 자신을 지켜보고 있는 '주찰망상', 뒤를 쫓고 있는 '추적망상' 등이 대표적인 것으로,

그런 것이 모두 자신을 함정에 빠뜨리려는 공작이라는 '피해망상'에 근거하는 것이 많다.

그것이 자신의 지나친 생각이란 것을 무리 반증을 들어 설명하여도 정정하려 하지 않는 것이 '망상'이란 병적사고의 정의이기도 하다. 발병 초기에 환자의 확신이 흔들릴 정도의 가벼운 것은 '염려'라 하여 구별하는 경우도 있다.

소심하고 타인의 평가에 과민한 '민감자'라고 불리는 이상인격자가 무엇인가 열등감에 관여될 만한 일이 생기면 주위 사람의 언동을 자신에 대한 비판이나, 빈정거림같이 곡해하는 '민감관계 망상'이라는 인격 반응을 일으킨다. 마음에 걸리는 일이 있는 경우에 타인의 눈에 마음이 쓰일 정도의 '관계염려'는 우리들에게도 생길 수 있으나 소세키의 병에서 볼 수 있었던 것은 '민감관계 망상' 정도가 심한 것이었을 것이다.

어쨌든 이 '환각', 망상'이란 이상 체험의 존재는 그 사람이 현재 정신병에 이환하여 있는가의 여부를 확정하는 포인트이며, 인권 문제가 관여된다. 따라서 이상 체험 유무의 판정은 어디까지 정신과 의사의 진단 영역이며 문외자가 가볍게 말할 수 있는 것이 아니다.

정신병의 종류

정신병의 70% 가까이가 분열증이며, 나머지 30%를 조울증과 알코올 의존증 같은 중독정신병 등이 차지하고 있는 데 불과하다.

분열증이나 조울증 등 소인(유전)도 관계되는 '내인성 정신병', 알코올이나 두부외상 등의 외인에 의해 생겨난 것을 '외인

우울증

성 정신병', 정신적 충격에 의해 이상하게 된 것을 '심인성 정
신병'이라고 부른다. 내인성 정신병인 분열증과 조울증에 대해
서 간단히 설명하겠다.

분열증(정신분열증)

분열증은 인종이나 나라의 구별 없이 일반 인구의 0.6~0.9%의
빈도로 출현한다. 일본에는 약 30~50만 명 정도의 환자가 있
다고 보인다. 사춘기에서 청년기에 발병하며, 처음에는 이상 체
험도 생기나 점차로 얼뜨기 같은, 감정과 의욕이 둔마(鈍痲)한
결함 상태에 빠지는 '파조형(破爪型)'이 주이다. 이 밖에 오페리

아와 같이 급격한 착란과 그 반동으로 무등, 과묵의 혼미 상태에 이르는 '긴장병형'이 있고, 또한 중년기에 발병하여 핵심의 망상에 이르지 않으면 얼핏 보통 사람과 다름없이 보이는 '망상형'의 세 가지가 있다.

어느 것이나 항정신병제에 의한 약물요법이 필요하나 병식이 없으므로 의료 중단을 일으키기 쉽고, 악화하여 입퇴원을 반복하는 경우가 많다.

조울증

감정이 이상으로 흥분하여 맨얼굴인데도 마치 술에 취한 것같이 기분 좋은 상태를 나타내는 '조증'과 그 반대의 극에 있는, 뚜렷한 원인도 없이 병적인 비애감에 잠겨 우울해하고 결국은 자살까지 기도하는 '앙울증'의 '감정정신병'이다. 조 상태와 앙울 상태가 교대로 나타나는 이상성의 조울증과 울 상태만 반복하는 단상성 울증이 있다. 분열증보다 약간 유전성이 높으나 파조형같이 치매에 빠지는 일은 없다. 단상성 울증은 중년 이후에 많은 질환이다.

신경증

신경증에는 다음과 같은 여러 가지 유형이 있다.

아무리 검사하여도 이상이 없는데 여러 가지 신체증상을 끈질기게 호소하는 '심기증', 아무런 원인도 없는데 이러지도 저러지도 못하는 초조감과 불안발작을 일으키는 '불안신경증', 구질구질한 강박 관념이나 몇 번이나 손을 씻어도 마음이 놓이지 않는 공포증 등에 괴로워하는 '강박신경증', 자기현시적 성격으로 실립-실보나 실성증 등의 다채로운 신체증상을 일으키는 '히스테리', 가벼운 울 상태를 나타내는 '앙울신경증', 신경성 위궤양 등의 '심신증'이 있다.

치료법으로서는 정신안정제, 항울제, 수면제 등의 투여와 카운슬링이나 생활지도를 배합한다.

부적응 상황에 놓이면 신경증 증상을 일으키기 쉬운 '병전 성격'까지 개선하려면 장기간의 심리요법이 필요하다. 프로이트의 정신분석요법은 원래 신경증을 위해 고안된 치료이며, 선(禪)을 도입한 모리타 요법 등은 강박신경증을 위해 고안된 치료이다.

심리요법

이상심리에서 거론한 여러 가지 유형의 신경증이나 그 전 단계에 해당하는 부적응 상태나 아동의 비행, 문제행동 등의 치료는 정신과 의사, 임상심리사, 카운슬러 등의 언어를 통한 상담-지도가 중심이며, 그러한 것을 총칭하여 넓은 의미의 심리요법이라 한다.

그러나 그 치료자가 정신과 의사인가, 임상심리사인가, 카운슬러인가에 따라 여러 가지 정신요법, 심리요법(좁은 의미), 카운슬링으로 나뉜다. 어떻든 치료자가 상담자에게 미치는 심리적 영향을 이용하는 언어적 치료지만 심리요법의 창시자인 프로이트 이래 많은 기법이 고안되어 왔다.

여기에서는 〈표 7-3〉과 같이 대략으로 분류하여 그중에서

〈표 7-3〉 심리요법의 분류

A. 개인심리요법

기법	주요 대상	치료자
1. 정신분석요법	신경증, 정신병	정신과 의사
2. 카운슬링 (내담자 중심 요법)	부적응 상태, 신경증	카운슬러, 임상심리사
3. 모리타요법	신경증	정신과 의사
4. 유희법	문제아	임상심리사
5. 행동요법	아동신경증, 자폐증	임상심리사

B. 집단심리요법

기법	주요 대상	치료자
1. 정신분석적 집단요법	신경증, 정신병	정신과 의사
2. 사이코드라마 (심리극)	신경증, 정신병	정신과 의사, 임상심리사
3. 가족요법	환자가족	정신과 의사, 임상심리사
4. 환자자조집단	신경증, 알코올증	환자와 회복자, 환자 자신
5. 교육적 집단지도	내과환자 등	내과 의사 등
6. 실험적 집단요법	연수자	임상심리사

현재 잘 쓰이는 기법에 대하여 개략적으로 설명하겠다.

개인심리요법

프로이트의 정신분석요법

효과가 불안정하였던 최면요법에서 '자유연상법'으로 전환되므로, 비로소 언어적 수단에 의해 신경증의 증상이 소멸된다는 것을 증명한 심리요법의 원점이다.

프로이트의 원법은 환자를 침대식 의자에서 편하게 하고 머릿속에 떠오르는 것을 무엇이든지 말하게 하는 '자유연상법'으로, 분석 의사는 환자의 무의식을 관찰하면서 환자가 알지 못하고 있는 유아기 외상 체험이나 대인관계의 왜곡을 알아차리게 하여(통찰), 철저한 조작으로 문제점을 개선해 나간다.

그러나 1섹션 50분의 정신분석을 1년 단위로 계속하며, 또한 경과 중 치료자에게 애증 어느 쪽인가의 특수한 '감정전이'가 생겨, 그 때문에 퇴행한 행동을 취하는 등 치료자에게나 환자에게나 대단한 시간과 부담을 요하기 때문에 간략한 방법도 고안되었으나, 현재 원법에 가까운 정신분석요법을 하고 있는 기관은 적어졌다.

카운슬링—로저스의 내담자 중심 요법—비지시적 카운슬링

비엔나의 프로이트 밑에 모였던 유태계의 정신분석 의사들은 나치의 박해를 피해 속속 망명하였기에 1940년대의 미국은 정신분석 붐이 일어, 고명한 정신분석 의사를 고문 의사로 모시는 것이 엘리트 실업가의 신분 상징이 되었다.

이때 공항에서 정신분석 책을 옆구리에 끼고 있는 외국인을 보면 미국인이라고 생각하라는 이야기도 생길 정도였다.

정신분석요법에는 의사로서의 프로이트의 사고가 강렬하게 반영되어 마치 외과의사가 수술 칼로 환부를 적출하는 것같이 환자의 문제점을 사정없이 지적하고, 또한 '철저작업'에 의해 일방적으로 교정하는 권위적-조작적인 것으로, 그 때문에 분석 의사의 지시 없이는 아무것도 결정할 수 없는 자립성을 상실한 환자를 만든다는 비판도 있었다.

또한 외과 의사의 수술에도 필적하는 이 정신분석요법을 의

사면허가 없는 임상심리사에게 맡길 수 있는가 하는 의논도 분석 의사 중에서 나왔다.

원래 정신과 의사와 임상심리학자는 비슷한 것을 머릿속에 넣기에 라이벌 의식이 작용하나 정신과 의사와 공동으로 실어 연구를 하였던 S. I. 프란츠 등은 미국정신의학회의 명예회원으로 선정되었다. 그러나 일리노이주가 정신박약자 시설에 수용하는 판정위원에 동격으로 임상심리학자를 가입시켰던 것에서 대립이 깊어져 1917년에 미국 임상심리학자협회가 설립되었다.

카운슬링이란 것은 원래 상담이란 의미인데, 일본에서는 카운슬링이라 하면 C. R. 로저스가 창시한 내담자 중심 요법을 가리키는 일이 많다.

임상심리학자에 의한 카운슬링은 힐리를 중심으로 하는 비행관계나 교육관계에서 하였던, 또는 1930년 후반부터는 직업적정검사의 사후지도 필요성에 의해, 산업심리 분야에서 나름대로의 기법이 발전하였다.

그러나 그 방법론은 E. G. 윌리엄슨 등과 같이 정신과 의사와 다름없는 진단적-지시적 입장에서 이루어지고 있었다.

일찍부터 치료자의 진단적 태도나 권위적인 지시에 비판적이었던 로저스는 카운슬러(치료자가 아니고 상담자)는 클라이언트(내담자. 환자가 아니다)의 말을 무조건 따뜻하게 '수용'하고 오직 듣기만 하고 절대로 해석이나 지시를 부여하지 않는다는 비지시적 카운슬링 이론을 제창하였다.

이러한 카운슬러의 '수용적 태도'에 따뜻하게 감싸인 내담자는 곧 일시적인 혼란 상태에서 자력으로 자신을 회복하여 '자기성장'을 이룩하게 된다. 이처럼 로저스의 이론은 어디까지나

인간의 건강하고 정상인 부분의 자기회복력에 신뢰를 두고, 이
상 부분에는 닿지 않으려는 심리요법이다.

따라서 이상 체험에 좌우되고 있는 정신병이나 자살 등의 행
동화를 일으키기 쉬운 경계례의 환자에게는 적합하지 않으나
자연회복이 기대될 수 있는 가벼운 신경증이나 부적응 상태에
놓여 있는 사람 또는 건강한 정상인 상대의 인사상담 등에도
응용할 수 있는 폭넓은 상담기술이다.

로저스가 그 이론 체계를 완성한 것이 1950년대였으므로 시
의적절하게 전후의 민주주의 일본에 수입되어 교육계에 폭발적
인 '비지시적 붐'을 일으켰다. 임상심리사나 사례연구가 같은
전문직 이외에 교사나 기업의 인사담당자에게까지 널리 보급되
어 초심자를 위한 워크숍 등도 현재 개최되고 있다.

모리타요법

도쿄 지케이카이(慈惠會) 의과대학 정신과 교수였던 모리타 마
사다케(森田正馬)의 신경질 이론에 기초한 정신요법으로 강박 증
상이나 공포증에 고민하는 환자를 개인 병실에 입원시켜 철저
하게 자기의 증상과 대결시켜 자신의 성격을 있는 그대로 받아
들이는 것으로 강박 증상에서의 해탈을 기도한다. 선의 흐름을
따른 동양적인 사상에 기초한 특이한 치료법이다.

유희요법

저학년의 아동은 언어로 충분히 자신의 정신적 내면을 표현
할 수 없으므로 치료자와의 자유로운 유희를 통해 아이의 문제
점을 알고 욕구불만을 발산시켜 신경증 증상의 개선을 기도하

는 기법이다.

또한 거기에서 얻은 정보를 부모의 카운슬링에 이용하는데 사용하는 유희도구에 의해 미니마당 상자요법이라든가 핑거페인팅 등의 유파가 있다.

행동요법

자폐증 아동은 자유로운 놀이터 등에서 혼자 놀면 치료자와의 접촉이 없어 효과가 없다. 이러한 경우, 예를 들어 토일렛 트레이닝 등의 구체적 훈련목표를 설정하여 성공하면 보수를 주어 강화를 유도하는 스키너의 학습이론에 의한 '행동수정요법' 또는 자극의 일반화에 의한 불안의 소거이론을 응용한 J. 월피의 체계적 둔감법 등이 있다.

집단심리요법

심리요법은 치료자가 한 사람의 환자를 맡으므로 번거로움이 있다. 한 사람의 치료가 동시에 10여 명의 환자를 치료할 수 있는 집단요법은 처음에는 시간절약법으로 시도되었으나 점차로 집단성원 간의 상호작용이 중대한 치료 효과를 갖는다는 것이 주목되었다. 1940~50년대의 미국에서 전성을 이루었던 정신분석요법에 대신하여 1970년대부터 미국 서해안을 중심으로 임상심리학자가 하는 여러 가지 그룹요법이 전성을 이루었다.

심리요법을 다루는 것을 좋아하는 미국 영화에도 비엔나 출신의 엄격한 정신분석의를 대신하여 어느 정도 뚱뚱해 보이는 레슬리 카론이 섹스그룹 카운슬링을 하는 임상심리사로 등장한다.

관중과 일체가 되어 연기하는 그리스 비극도 일종의 사이코
드라마였으나 근대적 집단요법은 루마니아계의 J. L. 모레노
(Moreno, 1932)의 심리극이나 S. R. 슬라브슨이 비행아에 대해
실시한 집단심리요법이 시작이다. 이 그룹요법이론을 요약하면
다음과 같다.

흔히 '동병상련한다'고 말하듯이 비슷한 괴로움을 갖는 '동질
집단'을 이루어 치료자는 별로 발언하지 않고 그룹 성원 간에
활발한 대화가 생기도록 진행한다. 환자는 같은 고민을 갖는
집단에 수용되었다는 것으로 정신적으로 안정되고 평소의 괴로
움을 실토하여 억압된 정서가 해방된다.

다음 단계에서 다른 멤버의 발언 중 한때 자신의 모습을 보
는 '미러 효과' 등에 의해 통찰을 깊게 하여 곧 그룹 전원으로
정신적 성장을 이룩해 나가는 요법이다. 그러나 미팅이 거듭되
는 데 따라 그룹 내에 파벌이 생기는 '부차집단화'가 생겨 구성
원 간의 반발로 긴장이 높아지면, 한 사람의 발언에 촉발되어
점차 특정한 사람에게 공격이 집중되는 '카름현상'이 생긴다.
치료자는 이 공격 대상자를 빨리 처리하지 않으면, 집중공격을
받은 멤버는 심각한 손상을 받는다.

필자는 학급활동 시간에 혼자서 공격받고 있는 노이로제의
초등학생인 '반장'을 진찰한 일이 있다. 이 경우는 담임선생이
좀 더 몸에 배라고 일부러 방임하였던 것이다.

이런 경우는 전원이 돌아가면서 의견을 구하는 '고잉어라운
드(Going Around)' 기법을 사용하여 모임을 진정화시키든가 하
여 조기에 집단의 공격성을 중지시킬 필요가 있다. 이러한 집
단 심리는 대학의 서클활동이나 세미나, 기업의 사조직, PTA 등

여러 가지 집단에서 생기므로 리더는 기본지식을 알아두고 있으면 당황하는 일이 없다.

현재 집단요법에는 다음과 같은 것이 있다.

정신분석적 집단요법

개인정신분석에 의해 구축된 정신분석이론을 집단용법으로 응용하여 치료자와 성원, 성원 간의 전이 등을 상세하게 분석하고 조작하는 것으로, 테이프나 비디오로 요법 중 기록은 쉽게 되었으나 그 정리나 해석에는 대단한 노력이 필요하다.

사이코 드라마(심리극)

모레노의 원법은 치료 전의 대화 중에서 다루기에 적합한 어느 환자의 가족 문제 상황을 설정하여 다른 멤버가 각각 부모나 동포, 배우자 등의 역할을 연기하는 것으로 환자의 억압되었던 감정을 표출시켜(카타르시스 효과), 친자관계의 왜곡 등 통찰을 하게 한다. 또한 심리극 종료 후의 그룹 토론이 요약의 중요한 집단요법이다.

이 사이코 드라마는 유명해져 전 세계에서 모레노에게 연수생이 모여들었으나 귀국하면 심리극 부분은 버려지거나 혹은 문제 제기 장면을 그림연극으로 하는 등 수정을 받았다. 이것은 연기에 저항이 있는 환자도 적지 않으므로 토론이 표면적으로 일관하거나 반대로 심층에 숨겨졌던 외상적 체험이 표출되어 치료 종료 후에 정신 상태가 도리어 악화하는 등 치료 장면의 조정이 어렵기 때문이다.

가족요법

연령이 내려가는 데 따라, 환자 자신에 대한 심리요법보다도 아동의 정신위생의 관건을 쥐고 있는 부모의 카운슬링이 중요하게 된다. 가족요법도 처음에는 어머니나 아버지의 개별지도였으나 점차로 가족의 합동 면접으로 발전하여 현재는 가족 전체의 상호작용에 중점을 두는 집단요법으로 변했다. 커뮤니케이션 이론, 시스템 이론에 기초하는 것 등 다양한 유파가 있다.

교육적 집단지도

그룹요법의 발상은 1905년에 내과의 J. 프랫트가 장기요양 중의 결핵 환자를 병동에 집합시켜 요양 지도를 하였더니 병동에서의 문제 행동도 줄고, 병에 대해 양호한 결과가 얻어진 데서 시작되었다.

현재 내과의가 당뇨병 환자나 가족을 모아 놓고 '당뇨병 교실' 등의 집단교육지도를 하는 의료기관이 늘어나고 있다. 필요한 투병지식에 철저해질 뿐 아니라 환자 간에 격려하며 조언하는 상호 원조적 분위기가 형성되어, 결국 전국 조직으로 발전한 환자-가족회도 있다.

자조집단 활동

신경증 환자와 그 회복자만의 자조(自助)활동 모임인 '생활발견 모임', 알코올증 환자, 회복자만으로 자주적인 미팅과 주해 상담을 하는 '단주회'나 A. A(익명의 단주 그룹) 등의 자조집단이 있다.

전문치료자가 없으므로 치료자에 대한 의존이 생기지 않아

도리어 환자의 자립성이 높아져 치료 효과가 오른다. 집단의 자주성을 방해하지 않도록 측면에서 육성해 나가는 것이 의료나 행정가의 마음이어야 할 것이다.

실험적 집단요법

임상심리학자의 독자이론에 근거하여 엄밀하게 통제되는 집단요법이며, 그 대상도 사회인 상대의 연수용으로 기획되는 것이 많다.

계절이 지난 휴양지 호텔에 전원이 수용되어 평소의 마음 껍데기를 벗어 버리고 말하고 싶은 대로 말해 자신의 마음을 통찰시키는 '감수성 훈련(센시티브 트레이닝)'이 대표적인 것이다. 그러나 '연수전문가'인 훈련사에게 걸리면 방위가 과잉 노출되어 공격성이 연수 종료 후에도 남아 정신병원에 입원해야 하는 경우도 있는데, 필자도 이러한 환자를 맡은 일이 있다. 장래에 기업에 취직하여 승진 연수 등에서 이런 훈련이 있다면, 훈련원이 입원비도 대줄 것이 아니므로, 잘난 체하는 이상한 훈련사의 말은 아예 귀담아듣지 않는 것이 몸에 좋을 것이다.

후기

읽을거리로서 될 수 있는 한 재미있게, 그러나 심리학의 큰 틀은 벗어나지 않아 학생들의 부교재로서 이용될 수 있도록 넓은 분야를 돈키호테적 만용으로 마쳤는데 어떨지. 문과계의 독자들은 2, 3, 4장의 지각이나 행동의 과학은 건너뛰고 5, 6장의 정신분석이나 병적학부터 읽으면 별로 지루하지 않게 동참할 수 있을 것이다.

심리학은 어렵게도, 쉽게도 가르칠 수 있는 학문이다. 필자가 의대생일 때, 기초의학을 일부러 힘들게 가르치고 있다고 생각할 수밖에 없는 수업에 반발하여 태만한 적이 있다. 그 반성에서 심리학의 전문학자로부터는 욕을 얻어먹을 것 같은 아마추어 견해나 표현을 사용하였는데, 서툰 이 통속해설서에 의해 한 사람이라도 많은 사람이 심리학에 흥미를 가졌으면 하는 의도에서 썼다는 것을 이해하여 주기를 바란다.

끝으로 이 어려운 기획을 지지해 준 고단샤 블루백스 편집장 히로다케(末武一親郞) 씨와 여러 가지로 조언을 해준 담당의 이다다니(板谷洋一) 씨에게 감사의 뜻을 전한다.

재미있는 심리학 입문

과학으로 본 심리학의 세계

초판 1쇄   1997년 01월 20일
개정 1쇄   2021년 10월 05일

지은이   나카무라 마레아키
옮긴이   편집부
펴낸이   손영일
펴낸곳   전파과학사
주소   서울시 서대문구 증가로 18, 204호
등록   1956. 7. 23. 등록 제10-89호
전화   (02)333-8877(8855)
FAX   (02)334-8092
홈페이지   www.s-wave.co.kr
E-mail   chonpa2@hanmail.net
공식블로그   http://blog.naver.com/siencia

ISBN 978-89-7044-991-3 (03180)
파본은 구입처에서 교환해 드립니다.
정가는 커버에 표시되어 있습니다.

도서목록

현대과학신서

도서목록

BLUE BACKS